Sueños, Números y Fortuna

Por Bernabé Pérez

serie del
colibri

Copyright
Calli Casa Editorial, 2008
Calli Casa Editorial, 2022

Todos los derechos registrados.
Prohibida la reproducción total o parcial
de esta obra en todo su contenido:
texto, dibujos, ideas, e ilustración de
portada y contraportada, sin autorización
por escrito de

Calli Casa Editorial,
714-836-0627
Lake Elsinore, CA. EUA

jbooks909@gmail.com
www.librosdeljaguar.com

2

¿Cómo puedo jugar y ganar la lotería?

1a de 13 partes

Durante los pasados 10 años, he tenido el placer de cartearme con los lectores a través de mi columna "Cuéntame tu Sueño".

Aunque mi columna se enfoca en interpretar sueños en general, uno de los temas que más leo a través de correos electrónicos y cartas que llegan hasta este tecleador, es: ¿será que puedo convertir los símbolos de mis sueños en números para jugar a la lotería?

La respuesta que doy es siempre la misma: por supuesto que sí. Y les explico: El inconsciente se manifiesta al soñante para traerle mensajes ocultos. Si el soñante estudia los símbolos contenidos en sus sueños, encontrará respuestas para tomar cualquier tipo de decisiones.

Hasta aquí, todo parecería muy simple, pero no lo es. Si todos podemos analizar los símbolos de nuestros sueños para convertirlos a números que nos sirvan para ganar la lotería, entonces las preguntas obvias son: ¿Por qué no somos ricos todos? ¿Por qué si es tan fácil hacerlo, no he podido lograrlo? ¿Por qué sueño tal y tal número y cuando salen los números premiados, ni siquiera le atiné a uno sólo de los 6 que necesito para ganar el sorteo?

La respuesta es: porque ganar la lotería es un proceso que se inicia en lo profundo de la mente humana, mucho antes de los sueños y de la conversión de éstos a números de lotería.

Para contestar las inquietudes de nuestros amables lectores que quieren saber más de este tema, su servidor ha creado este curso de 12 lecciones.

Este es el temario que vamos a seguir:

1. Las Leyes del Universo.
2. Las Leyes de la Prosperidad
3. ¿Cómo anda su energía mental?
4. Defina lo que quiere lograr
5. Útiles que va a necesitar.
6. Aprenda a programar su mente.
7. Técnicas de Relajación
8. Técnicas de auto hipnotismo
9. Guión para auto hipnotismo.
10. Aplique lo aprendido
11. Técnicas para jugar a la Lotería
12. Ejercicios de Prosperidad

Para mejores resultados, le recomendamos que haga una lección por semana.

Las Leyes del Universo
2a de 13 partes

Si usted quiere ganarse la lotería, mi querido lector, primero tiene que comprar el boleto, pero no me refiero al boleto que usted consigue en la tienda, sino al boleto que podríamos llamar "mental".

Antes de ampliar un poco más esta afirmación, quiero pedirle que haga un ejercicio. Piense bien en el último problema mayor que usted tuvo. ¿Ya lo identificó? Bien. Voy a hacerle unas preguntas que quiero que conteste sinceramente. Contéstelas en su mente. No tiene que confesarle nada a nadie, sólo a usted mismo.

Tómese su tiempo para contestar. No hay prisa. Lo que sí es primordialmente importante es que usted encuentre una respuesta honesta:

¿Durante los días o semanas anteriores a que este problema ocurriera: ¿usted habló de la posibilidad de tenerlo? ¿Tuvo temor de tener ese problema? ¿En su mente pasaron imágenes, como en una película, del problema en sí? Cuándo el problema ocurrió en la vida real, ¿lo temido, hablado o pensado, coincidió con lo vivido?

Seguramente usted contestó "sí" a uno o varios de los escenarios que le acabo de plantear. Eso no es ninguna sorpresa, porque la primera ley del Universo dice: "Todo es Mente".

Si usted ha leído los libros sobre Metafísica de Conny Méndez, seguramente recuerda la sección que ella incluyó sobre el Kibalión, un estudio sobre los siete principios del Universo, el primero de los cuales es el del Mentalismo. Este principio o ley es muy fácil de explicar y muy difícil de aplicar y dice así: "Todo es mente. El universo es mental".

Esta ley afirma que todo lo que existe en este mundo fue primero concebido en la mente de alguien. Siguiendo ese planteamiento, podemos afirmar con gran certeza que lo que uno piensa hoy, se materializará mañana.

En esencia, el principio explica que todos los frutos que las personas cosechamos en el plano material, fueron primero sembrados en el plano mental.

El escritor y filósofo inglés, James, dedicó un libro completo a esta ley del Mentalismo:

El libro, titulado "Como el Hombre Piensa", dice: "El hombre siempre es el amo. En sus momentos más débiles y degradados es un amo tonto que gobierna mal 'su hogar'. Pero cuando se convierte en más sabio y empieza a dirigir sus energías con inteligencia, puede moldear sus pensamientos para conseguir resultados más halagadores".

Ejercicio: Durante la semana que viene, mi querido lector, le dejo una tarea: ponga un cuaderno junto a su mesa de noche. Cada mañana anote en su libreta cuál es el primer pensamiento que llega a su mente cuando usted despierta. No critique el pensamiento, no lo cambie ni lo corrija, solamente escríbalo. Este ejercicio es para que usted aprenda a conocerse. No hay respuesta correcta ni incorrecta. Sea totalmente honesto. Esté pendiente porque esas notas van a servir para llevar a cabo otros ejercicios en este curso.

La Ley de la Prosperidad

3a de 13 partes

¿Hay algo, mi querido lector, que usted ha deseado por muchos años y no ha logrado? Un automóvil de cierta marca, quizá un reloj de oro o unas vacaciones a un exclusivo lugar paradisíaco.

¿Se ha preguntado la razón por la cuál otros sí obtienen eso que usted anhela y usted no?

Entonces acompáñeme a conocer la Ley de la Prosperidad que afirma que lo similar atrae a lo similar.

Pero regresemos un poco. La lección pasada revisamos un principio universal conocido como la Ley del Mentalismo que dice que todo lo que nuestra mente piensa, se manifiesta en la vida cotidiana.

Tomando como base estos dos principios y transportándolo al tema de la prosperidad, tendremos que toda aquella carencia o abundancia que se manifiesta en la vida de una persona, existió primero en su mente y que los pensamientos de pobreza, atraen pobreza y los de riqueza atraen prosperidad.

Luego entonces, si esa persona quisiera cambiar su realidad, si quisiera cambiar sus carencias por abundancia, ¿qué es lo que tendría qué hacer? La respuesta es: cambiar su interior porque la prosperidad nace en el interior de la persona y luego se manifiesta en su realidad cotidiana.

Cambiar los pensamientos de limitación no es fácil porque una persona va a empezar a "pensar positivo" por unos segundos para luego atorarse con alguna de las barreras mentales que ha ido acumulando a lo largo de su vida.

Pero seguramente usted ya ha leído esta teoría y no ha llegado todavía a donde usted quiere llegar. No voy a abrumarle con teorías, solamente le voy a decir que el secreto para atraer prosperidad a su vida está en elevar la vibración de sus pensamientos por encima de sus propias barreras mentales.

Esto puede hacerlo de una forma divertida mediante ejercicios mentales en los que usted juega a brincar sus barreras y empieza a crear una realidad alterna.

Ejercicio: Durante los próximos 7 días imagine que el Universo le envía un cheque. El primer día el cheque es por mil dólares, el segundo es por dos mil, el tercero es por tres mil y así sucesivamente. El ejercicio consiste en pensar qué va usted a hacer con dicho dinero. Mentalmente puede gastarlo, regalarlo, o depositarlo en su cuenta bancaria. No se preocupe mucho por lo que va a hacer con este dinero de juguete. Disfrute el ejercicio. Este es un juego que tiene por objeto ayudarle a elevar sus vibraciones para derribar sus barreras mentales. Que se divierta.

Defina lo que quiere lograr
4a de 13 partes

En la lección anterior dejamos un ejercicio para nuestros lectores. Este consistía en imaginar que se recibía un cheque diario que venía firmado por El Universo. El cheque del primer día era de mil dólares, el del segundo era de dos mil y así sucesivamente.

Este ejercicio es sumamente divertido y da resultados inmediatos. Si usted mi querido lector llevó a cabo el ejercicio, seguramente recibió dinero extra de lugares inesperados.

En lo personal puedo contarles que la primera vez que hice este ejercicio tuve resultados asombrosos. El segundo día un pariente que tengo que es sumamente tacaño, me invitó a cenar y yo pensé "es pura coincidencia". El tercer día recibí una comisión de trabajo que era muy sencilla pero supremamente bien pagada. "Vaya, vaya –pensé- quizá esto funcione". El cuarto día un amigo vino de visita a casa y me regaló un boleto para una rifa que estaban haciendo en su oficina. Días después me llamó para decirme que yo me había ganado una cafetera de lujo. El séptimo día abrí el correo y encontré un cheque de un cliente a quien yo le había hecho un trabajo hacía varios años sin que él lo hubiera pagado a pesar de muchos intentos de mi parte de cobrar este dinero. Tres meses después que dejé de hacer el ejercicio, un editor aceptó publicar uno de mis libros y me dio un anticipo a cuenta de regalías.

Como mencionaba al principio de esta columna, este ejercicio es divertido y da resultados inmediatos, pero dichos resultados son al azar. El practicante eleva sus vibraciones y se vuelve una antena para atraer prosperidad, pero esta llega de cualquier lugar y en cualquier forma, lo cual no es malo. Más sin embargo, si el lector desea obtener resultados específicos, entonces tiene que definirlos claramente.

El ejercicio de la lección pasada es como entrar a un restaurante y pedir comida. El mesero le va a traer comida, cualquiera que esta sea, pero si usted entra al mismo restaurante y dice "quiero un filete asado a las brasas, término medio, con papa horneada y una copa de vino tinto", entonces usted va a recibir exactamente lo que pidió.

Entre más detalles defina usted, más concretos serán sus resultados.

Ejercicio: Tome papel y lápiz. En una hoja escriba como título: "Esto es lo que no quiero". A continuación describa la situación actual en la que está y diga qué es lo que le molesta de dicha situación. Cuando esté escribiendo, conéctese con la emoción que produce sus resultados actuales. Analice si es miedo, pereza, desinterés, pesimismo, etcétera. Al terminar, rompa esa hoja y tírela a la basura. Ahora tome otra hoja nueva y escriba "Esto es lo SÍ que quiero". Describa cómo quiere que sea su situación. No se mida. Escriba todo con detalle, como si no hubiera limitación de tiempo, ni distancias, ni dinero, ni edad, ni salud, ni nada que impida que usted logre lo que desea. Conéctese con la emoción que le produce el lograr lo que anhela tener. Que se divierta.

Útiles que va a necesitar
5a de 13 partes

Para lograr resultados en el Método de Sueños, Números y Fortuna, mi querido lector, usted va a necesitar un cuaderno o libreta nuevos, un bolígrafo, algunas fotografías de las cuales hablaremos al finalizar este artículo y eso es todo en el aspecto material, pero en el aspecto mental, usted va a necesitar hacer limpieza general.

Por limpieza general me refiero a sacar de sus pensamientos toda negatividad. Permítame explicarle la razón. Como ya hemos visto en las lecciones anteriores, la prosperidad nace en la mente y si usted realmente quiere crear resultados supremos con el poder de su mente, usted tiene que dejar se ocuparse en pensamientos inútiles.

Tan inútiles como alimentar rencores, repasar fracasos, hacerse recriminaciones, ensayar "guiones" de pleitos y recriminaciones, preocuparse por falta de dinero o de tiempo, enojarse porque quiere dejar de fumar y no lo ha logrado, porque no se es esbelto, alto, inteligente, atractivo, o cualquiera que sea la forma en la que usted echa a andar esos pensamientos que disparan emociones que a su vez descomponen su salud, su estado de ánimo y en última instancia, su vida.

Sé perfectamente de lo que le estoy hablando porque yo he estado ahí y lo único que aprendí fue que perdí el tiempo miserablemente concentrándome en lo que no tenía en lugar de concentrarme en lo que quería tener.

¡Ajá! Ya llegamos a donde quería llevarlo, mi querido lector. Haga limpieza profunda de su mente para que esta tenga tiempo de crear la realidad que usted desea tener.

Resumiendo: además de los útiles mencionados al principio de este artículo, una herramienta poderosa para lograr resultados es dejar de pensar en términos negativos en:

1. Lo que no se puede cambiar. (El estado del mundo, lo que hacen, dicen o piensan los demás, etc).
2. Lo que todavía no ha pasado.
3. Lo que NO SE TIENE/NO SE HA HECHO/NO SE ES

Y entrene su mente para pensar en:

1. Lo que sí se puede cambiar (sus pensamientos, sus palabras, su actitud).

2. Lo que está pasando en el día de hoy
3. Lo que quiere TENER/HACER/SER

Ejercicio: Tome papel y lápiz. En una libreta nueva escriba como título: "Cien cosas que me gustaría HACER/TENER/SER". Haga una lista de cosas que su corazón anhela. Utilice una hoja por cada cosa. Si puede recorte una fotografía de dicha cosa y péguela en la página. No se limite por dinero, tiempo, distancia, edad, ni ningún otro limitante. Solamente anote las cosas que le gustaría tener Nota: si usted hace bien su limpieza mental, poco a poco podría regresar a cada página para ir marcando todo lo que vaya logrando. No se sorprenda si algunos de los resultados son inmediatos. Que se divierta.

Aprenda a Programar su Mente
6a de 13 partes

En la lección anterior aprendimos que para poder crear resultados positivos, primero hay que hacer limpieza de todos los pensamientos negativos. La forma ideal de lograr esto no es "luchar" firmemente por extirparlos, sino simplemente llenar la mente de pensamientos positivos. La razón de esto es porque en el Universo hay una ley que dice que la Luz y la oscuridad no pueden existir en el mismo espacio.

Si uno concentra su mente en pensamientos de Luz, los pensamientos oscuros y malignos, se van solos. Para aprender a programar su mente, mi querido lector, existen muchos métodos, pero en esta lección hablaremos de uno muy sencillo: la sugestión.

La sugestión es como un botón que echa a andar una reacción. Por ejemplo: si cuando usted era niño, algún adulto en su familia le dijo: "no salgas a la lluvia porque si te mojas te vas a enfermar". Ahora que es adulto usted seguramente tiene un botón llamado "lluvia" que dispara un resfriado cada vez que se acciona.

Lo que es más, puedo asegurarle sin temor a equivocarme que usted mismo se ha programado con otros botones que le causan problemas. Por ejemplo: "no puedo comer tal condimento porque inmediatamente me enfermo", o "no me falla... apenas cobro mi salario, algo se le descompone a mi coche", o "los niños son un fondo sin límite de gastos", o "soy muy tonto para aprender porque nada se me pega", o…. cualquier otra forma que usted tenga de programar su mente para fracasar.

Con los ejercicios de esta lección usted va a comprobar que se puede desprogramar su mente para que reaccione a los botones negativos y que puede crear nuevos botones para triunfar en la vida.

Ejercicios:
1. Haga una lista de todos los "botones" que lo tienen programado para

tener problemas y empiece a desactivarlos de la siguiente manera: cada vez que se descubra usted repitiendo la frase del botón y pensando en el resultado negativo que va a obtener, diga simplemente: "cancelo este botón y no acepto este resultado".

2. Haga una lista de botones positivos que le gustaría tener, por ejemplo: "Yo estoy, cada día, más sano y más fuerte", o "Yo puedo resolver cualquier situación porque me es fácil encontrar soluciones", o "El dinero me rinde cada día más porque siempre descubro buenas ofertas y oportunidades de sacarle el mejor provecho", o "Es muy fácil aprender cosas nuevas porque mi memoria está cada día más fuerte".

Que se divierta.

Técnicas de Relajación

7a de 13 partes

La mente humana, mi querido lector, es muy poderosa. Es capaz de crear cualquier cosa, ya se trate de la más sublime o maravillosa, o de la más abyecta o destructiva.

Los resultados dependerán del estado de la mente. La fórmula es sencilla: a mayor estrés, la mente produce resultados más negativos. A mayor relajación, su mente produce resultados más positivos.

Para los fines de prosperidad en el curso que nos ocupa, en esta lección aprenderemos técnicas de relajación las cuales, además le servirán para mejorar varios aspectos de su salud.

Relajación de cinco minutos. Durante el día, cuando sienta que está muy presionado por cuestiones de trabajo, busque un lugar para sentarse. Cierre los ojos. Respire lentamente. Apriete los dedos de los pies y luego relájelos. Apriete los pies y luego relájelos. Apriete las piernas y luego relájelas. Continúe así hasta que llegue a la frente, pasando por los glúteos, estómago, cintura, espalda baja, hombros, cuello, boca, cara y ojos.

Relajación de 15 minutos. Al levantarse por la mañana o antes de irse a dormir, siéntese en un lugar cómodo. Cierre los ojos. Concéntrese en su respiración y repita un mantra. Un mantra es una frase que activa procesos químicos en el cuerpo y puntos de relajación hipnótica en la mente. Estos son algunos de los más populares:

1. Om
2. Om Nama Shivaya
3. Jaya Rama, Jaya, Jaya, Rama

Nota: esta técnica también se puede llevar a cabo caminando. En esta variante, usted no cierra los ojos y en lugar de concentrarse en su respiración, se concentra en cada paso que da. El mantra se repite a ritmo de la caminata.

Relajación Profunda. A la hora de ir a dormir, acuéstese cómodamente. Apague la luz. Cierre los ojos y empiece a relajar todo su cuerpo, parte por parte como en la primera técnica. Después concéntrese en su respiración y empiece a contar del 100 al uno, lentamente. En cada vez que cuente un número, imagine que su cuerpo desciende un escalón más hacia la relajación profunda. 100, 99, 98, 97, etcétera. Todo esto mientras respira lenta y acompasadamente.

Ejercicio de respiración:

Este ejercicio activa puntos de energía en el cuerpo y oxigena el cerebro, lo cual es importantísimo para los ejercicios que aprenderemos en las próximas lecciones. Imagine que tiene frente a sí 12 velas prendidas. Inhale aire lentamente hasta que llene sus pulmones. Ahora proceda a "apagar" las velas imaginarias de derecha a izquierda, soplando doce veces mientras va girando su cuerpo. Repita por 12 veces. Repita diariamente.

Que se divierta.

Técnicas de Auto hipnotismo
8a de 13 partes

En esta lección, mi querido lector, aprenderemos a programar la mente mediante el hipnotismo. El hipnotismo es un trance en el que la mente se estaciona en la frontera entre el sueño y la vigilia. En ese estado la mente tiene un elevado estado de conciencia y está abierta a la sugestión por lo que capaz de recibir órdenes que ejecutará al despertar.

El auto hipnotismo se puede usar para programar la mente para dejar de fumar, ser más organizado, bajar de peso, aliviar estrés, controlar la ira (celos, depresión y en general las emociones negativas), encontrar objetos perdidos, encontrar soluciones creativas a un problema actual, incrementar la creatividad en el caso de un artista, sanar de alguna enfermedad, para encontrar respuestas, o para cualquier propósito que la persona desee.

Pasos para auto hipnotizarse:

1. Antes de empezar defina claramente su propósito y trabaje con un solo propósito a la vez, por ejemplo: "encontrar mi pasaporte que no sé donde lo guardé".

2. Escriba en un papel lo que va a programar, por ejemplo: "Cuando yo despierte voy a caminar directo al lugar donde guardé mi pasaporte. Voy a saber exactamente dónde está y voy a ir hasta el lugar donde lo guardé y voy a poder tomarlo con mis manos".

3. Busque un lugar donde pueda sentarse sin que lo interrumpan por una hora. Siéntese en una posición cómoda en la que pueda durar una hora sin que se duerman las extremidades o se le cause algún malestar que pudiera despertarlo.

4. Empiece por relajarse con alguna de las técnicas que aprendimos la lección pasada.

5. Cuando esté en trance profundo, repita la programación que desea.

6. Repita su programación unas dos o tres veces.

7. Ahora ayude a su mente a salir de trance. Por ejemplo: Voy a contar hasta diez y cuando llegue a diez voy a estar despierto, alerta y sintiéndome mejor que nunca. Uno, dos....

Nota: Esta, como cualquier otra técnica, requiere entrenamiento. Practique constantemente. Empiece por un tema sencillo y cuando se sienta más capacitado tome un asunto más grande en sus manos para resolverlo a través de este tipo de programación. Si usted tiene alguna enfermedad que desee tratar por este medio, consulte a su médico antes de empezar a hacerlo.

Ejercicio:
Haga una lista de temas que le gustaría resolver a través del auto hipnotismo. De esta lista elija el tema con el que quiera trabajar primero. En la próxima lección aprenderemos cómo hacer un guión de auto hipnotismo y que usted puede grabar para escuchar con audífonos.
Que se divierta.

Guión para Autohipnotismo
9a de 13 partes

¿Ya está listo, mi amigo, amiga para escribir su propio guión de auto hipnotismo? Tome lápiz y papel que vamos a comenzar. Usted va a aprender aquí a programar su mente. Para lograrlo escriba con sus propias palabras las órdenes que usted quiere que su cerebro ejecute.

Los pasos a seguir son:
1. Relajación.
2. Programación
3. Regreso.

Las reglas son:
1. Usar frases positivas solamente. No diga: "quiero dejar de pelear", mejor diga "quiero vivir en calma".

2. Use frases concretas. No diga: "quiero un empleo donde gane bien". Mejor diga: "quiero lograr un trabajo donde gane mil dólares cobrados cada viernes".

3. Evite frases vagas como: "quiero ser feliz". Si quiere ser feliz, explique qué es para usted la felicidad. Por ejemplo: "quiero tener pagadas todas mis cuentas.... o quiero tener dinero suficiente en mi bolsillo para llevar de vaca-

ciones a mi familia".

4. Enfóquese: no quiera resolver toda la vida en una sola programación. Elija un tema concreto cada vez.

Empiece a escribir dando órdenes a su mente. "Me siento en este lugar tranquilo" (puede describir la paz, el silencio, la calma del lugar). "Relajo todo mi cuerpo" (describa paso a paso cómo va relajando desde la punta de los pies hasta el último de sus cabellos). "Entro en un lugar de paz donde mi mente está receptiva. Respiro profunda y acompasadamente. Mi cuerpo y mi mente se sienten cada vez más y más tranquilos"…

Ya que esté bien relajado, va a darle órdenes a su mente. Puede programarla para que ejecute estas órdenes al despertar de la hipnosis, o al día siguiente, al despertar por la mañana o el día primero del mes, el siguiente lunes, etcétera. Por ejemplo si su meta fuera de entrenamiento físico:

"Mañana cuando despierte por la mañana me voy a sentir lleno de energía. Voy a iniciar un programa de ejercicio. Mi meta es competir en un medio maratón corriendo 10 millas. Este primer día de ejercicio, voy a correr una milla. Durante las siguientes 10 semanas me voy a entrenar. Voy a correr una milla diaria la primer semana. Dos millas diarias la segunda semana. Tres millas diarias la tercera semana….."

Repita su meta paso a paso. Describa fechas y tiempos.

Cuando termine la meta, escriba el regreso. "ahora voy a despertar. Al contar hasta tres voy a despertar y me voy a sentir bien, relajado y contento. Mi mente ya está programada y yo voy a despertar al contar tres. Uno, dos, tres.".

Ejercicio:

Tome su guión y léalo frente a una grabadora. Ahora busque un lugar cómodo para relajarse y escuche el guión que escribió y grabó para auto hipnotizarse por primera vez. Que se divierta.

Aplique lo aprendido

10a de 13 partes

En lecciones pasadas, mi querido lector, aprendimos a hacer a un lado lo que no necesitamos (emociones y pensamientos negativos) e hicimos una lista de cosas que nos gustaría tener.

Estas técnicas que hemos aprendido aquí en estas lecciones son súper importantes para que usted logre manifestar prosperidad en su vida.

Si usted practica, cada vez le será más fácil y rápido verá resultados. En lo personal he visto personas que lograron, en muy corto tiempo, manifestaciones asombrosas aplicando estas técnicas.

Ahora le toca a usted poner en práctica lo aprendido.

¿Recuerda una lista que le pedimos que hiciera de las cosas que más desea tener? Regrese a esa lista y elija una de las cosas. Una sencilla. Recuerde que apenas está en entrenamiento.

Escriba en un papel lo que desea lograr, si puede busque ilustraciones en revistas y péguelas en su hoja. Describa con gran detalle color, medidas, fechas, detalles exactos de lo que desea lograr.

Escriba su guión y grábelo.

Busque un sitio tranquilo.

Lea su hoja. Concéntrese en lo que desea lograr. Sienta lo que se sentiría al tenerlo. Disfrute como si ya lo tuviera. Una vez que logre "sentir" que ya lo tiene, ponga su grabadora y empiece su técnica de relajación y programación, según lo aprendido en lecciones anteriores.

Después que termine el ejercicio, olvídese de todo. No se ponga a pensar cómo va a llegar lo programado.

Recuerde que esto es como entrar a un cuarto y prender la luz. Para que la luz se quede prendida, usted no necesita dejar el dedo pegado al interruptor de corriente. Sólo necesita accionar el botón brevemente y después soltarlo y disfrutar de la luz que el botón activó.

Ejercicio:

Compre un billete de lotería para un sorteo que vaya a ocurrir dentro de varios días, digamos una semana. Una vez que lo compre, sosténgalo en sus manos. Cierre los ojos e imagine qué podría usted hacer con el dinero si se sacara un premio. Imagine a quien ayudaría, qué compraría, dónde lo invertiría, qué caridades beneficiaría. Haga este ejercicio todos los días anteriores al sorteo. No se preocupe por el resultado de la lotería. El objetivo de este ejercicio es elevar sus vibraciones para que usted se entrene mejor en este asunto de la manifestación. Que se divierta.

Técnicas para jugar a la lotería
11a de 13 partes

Existen varias técnicas para jugar a la lotería.

Sueños Números y Fortuna:

Junto a la mesa de noche se pone un cuaderno y un bolígrafo. Al despertar, inmediatamente se toma la libreta y se anota los elementos del sueño. Por ejemplo: si una persona sueña que corre por un campo de flores, encuentra una escalera y sube a un árbol, al despertar, escribirá: campo, flores, escalera y árbol. En mi libro "Sueños, Números y Fortuna", usted puede referirse a cada uno de estos elementos y encontrará que los números correspondientes a estos sueños son: campo: 5-6-26-39-41 ~5; flores: 1-3-36-40-49 ~44; escalera: 23-40-41-52-54 ~25, y árbol: 21-32-36-48-53 ~11. Usted puede jugar todos esos números el mismo sorteo o puede jugar uno cada sorteo. También puede combinarlos entre sí.

Tabla Mágica:

En este método antiguo se usa la tabla adjunta en combinación con un par de dados. Se tiran los dos dados y se busca en el renglón superior el número que suman los dos dados. Se tiran nuevamente los dados y se busca en la columna de la izquierda el número que suman los dos dados. Con sus dedos marque hasta encontrar el punto donde coinciden el primero y el segundo resultados. Por ejemplo, si en la primera tirada se sacó un 9 y en la segunda se sacó un 7, el número a jugar es 16. Cuando se encuentra un 0, se vuelven a tirar los dados. En este caso se tiran los dados tantas veces se necesite hasta encontrar los números necesarios para jugar según el sorteo en el que se quiere participar.

Sueños, Números y Fortuna
www.BernabePerez.com

1	2	3	4	5	6	7	8	9	10	11	12
2	46	0	1	0	62	0	28	0	57	0	14
3	66	37	0	13	0	78	0	17	0	70	0
4	33	60	12	0	61	0	71	0	10	0	27
5	0	21	2	32	0	72	0	77	0	54	0
6	47	0	53	31	56	0	9	0	39	0	4
7	25	58	0	36	7	49	0	16	0	59	0
8	74	66	40	0	64	35	3	0	41	0	75
9	0	76	24	68	0	20	78	45	0	8	0
10	19	0	48	50	38	0	30	15	63	0	11
11	29	42	0	34	52	43	0	51	5	55	0
12	0	65	44	0	6	22	67	0	18	23	26

Números armónicos y buenas combinaciones:

A continuación encontrará una secuencia de cuatro, cinco, seis o siete números que tienen buenas vibraciones cuando se juegan juntos. Juegue estas combinaciones de números, ya sea solas o mezcladas con su número personal

de la suerte: 1, 10, 11, 42, 69 — 1, 10, 42, 44, 69 — 6, 9, 10, 11, 17, 44, 71 —
6, 10, 11, 44, 71 — 39, 50, 61, 74 — 4, 39, 74 76 — 10, 51, 61, 70, 74 — 1,
10, 61, 64, 66 — 44, 66, 68, 70, 75 — 5, 25, 55, 65 — 4, 14, 56, 60 — 2, 12,
24, 72, 75 — 11, 44, 66, 77 — 2, 3, 4, 50 — 8, 46, 50, 59 — 8, 45, 55, 60 — 3,
25, 45, 55 — 3, 25, 42, 55 — 1, 2, 16, 40, 44 — 12, 24, 48, 62, 68 — 17, 39,
47, 50 — 8, 24, 25, 33. 46 — 13, 16, 53, 72, 73 — 17, 30, 44, 73 — 30, 72, 73,
75 — 9, 15, 17, 47 — 29, 46, 50, 61 — 15, 27, 66, 68 — 32, 33, 77, 78 — 1, 6,
16, 61 — 5, 8, 10, 25, 50 — 4, 11, 14, 33, 44 — 3, 13, 33, 54, 66 — 6, 11, 25,
28, 32 — 7, 11, 12, 16, 28 — 3, 11, 33, 19, 66 — 9, 19, 29, 33, 44 — 3, 6, 9,
60, 66 — 8, 12, 18, 20, 28 — 16, 38, 49, 52, 64 — 33, 19, 28, 54, 65 — 18, 25,
28, 44, 64 — 19, 33, 49, 52, 65 — 13, 29, 39, 44, 66 — 4, 22, 69, 75, 77 — 7,
11, 54, 59, 75 — 7, 22, 49, 64 — 12, 17, 21, 38, 51 —

Ejercicio:

Practique los métodos anteriores hasta encontrar números sus números de
la suerte. Compre billetes para sus sorteos preferidos. Practique el ejercicio de
subir las vibraciones mediante imaginar lo que se va a hacer con el dinero del
premio. Recuerde que estos ejercicios son de entrenamiento. La práctica hace
al maestro. Lo más importante aquí es que usted cargue de energía positiva sus
números y que mantenga elevada la visión de los resultados. Una mente bien
entrenada puede precipitar una lluvia de dinero. Que se divierta.

¿Cómo anda su energía mental?
12a de 13 partes

Hasta aquí, mi querido lector, si usted ha puesto en práctica todos los ejercicios de la serie, seguramente ya ha empezado a girar la energía a su alrededor.

No deseche ningún resultado pensando que es "pura coincidencia". Aprenda
a encontrar pequeños resultados aquí y allá. Por ejemplo, si usted está practicando su manejo de energía centrándolo en los resultados, seguramente hay
proyectos que ya empezaron a tomar forma.

Puede ser que un plan de dejar de fumar le haya llevado a encontrar un
libro sobre cómo lograrlo, una oferta de algún producto que le ayude a parar la
dependencia del tabaco o que haya encontrado un centro de salud dónde puedan
ayudarle o que simplemente el cigarrillo empezó a causarle náusea. Todo puede
suceder si la energía de su mente está en la frecuencia correcta.

Si usted todavía no está ahí seguramente es porque su energía mental no
está generando vibraciones elevadas. Siga practicando.

Ejercicio #1:

Durante el día practique a preguntarse sobre asuntos pendientes. Por ejemplo: ¿cómo puedo aumentar mi ingreso? Ó ¿Cómo puedo bajar de peso? Ó ¿Qué

necesito saber para resolver tal o cual situación? Solamente pregunte, pregunte, pregunte. No se conteste usted mismo. El objetivo de este ejercicio es recibir una respuesta. Esta vendrá de su mente inconsciente, del inconsciente colectivo, del universo o de un Poder Superior, como usted lo conciba. En realidad no importa de dónde venga la respuesta, lo que importa es que al centrar sus pensamientos y abrirlos a una solución, ésta llegará porque usted la está atrayendo.

Ejercicio #2

Durante la noche, a la hora de ir a dormir. Relájese, practique su respiración. Cuando sienta que está a punto de quedarse dormido, haga esta pregunta: "¿Qué necesito saber para tener éxito en… (mi empleo, mi negocio, mi proyecto de dejar de fumar, mi matrimonio, etcétera)".

Tanto en este ejercicio como en el anterior es posible que su mente quiera contestar con tonterías. Algo así como "cómo vas a tener éxito si eres un tonto"… o "tu matrimonio no tiene remedio, ya lo echaste a perder"… o "nunca vas a dejar de fumar con tanto estrés en el trabajo"…

¡Ajá! Esos son los culpables que usted esté atorado donde no quiere estar. Cancélelos. Recházelos. Puede decirle a su pensamiento destructivo: "no te necesito, no tienes poder, vete de aquí".

Siga relajándose, y vuelva a preguntar ¿Qué necesito saber para tener éxito en…? Después duérmase tranquilo. La respuesta a qué necesita saber le va a llegar en cualquier momento, puede ser la misma noche o puede tardar unos días. No importa. Va a llegar durante el sueño, al despertar o de algún modo. Esté abierto para identificarla.

La piedra angular, mi querido lector, para mantener la energía mental elevada es practicar a todas horas hasta que se vuelva un hábito.

Ejercicios de Prosperidad
Última de 13 partes

Con esta nota, mi querido lector, cerramos este pequeño curso sobre Sueños, Números y Fortuna. A continuación vamos a hacer un recuento de ejercicios que le servirán para activar la prosperidad.

Ejercicio #1

Cuente sus triunfos.— Cuando sienta que su mente empieza a pensar en las cosas que han salido mal o en la falta de dinero, pare esos pensamientos y enfóquelos en las cosas que han salido bien. Haga un recuento mental rápido de pequeños triunfos. Puede ser una venta que cerró y le dejó una buena comisión. La graduación de la escuela. Un empleo que consiguió. Un premio que se sacó. Una felicitación que recibió. Enfoque su energía mental en la sensación de triunfo.

Ejercicio #2: Cuente bendiciones.— Cuando sólo pueda ver carencias y cosas negativas, haga una vuelta en "U" y enfoque sus pensamientos en todas las cosas buenas de su vida. Su salud, sus ojos, sus piernas, sus hijos, su empleo, su automóvil, su música, su mesa con comida, su techo que le protege, sus amigos, etcétera. Después de repasar todas sus bendiciones, de las gracias a Su Poder Superior, como usted lo conciba.

Ejercicio #3: Joe Vitale recomienda este método: cuando algún tipo de preocupación asalte a la persona, se dice una sencilla oración: "Gracias por las bendiciones que tengo y gracias por las que voy a recibir".

Ejercicio #4: Reconcíliese con el dinero. Algunas personas tienen cuentas pendientes con el dinero. Ya sea porque no llega a tiempo, porque no alcanza, porque se cree que es obligación (por sus creencias religiosas) ser pobre, porque se cree que es contrario a la espiritualidad, porque se está obligado a darlo a otros, etcétera. Es necesario reconciliarse con él. El dinero es una energía y como tal, tiene su propio patrón de comportamiento. (Si tiene que pagar algún dinero, páguelo con buena voluntad) — Después de relajarse, repita: "Libero cualquier programación de mi pasado que me ha causado problemas con el dinero… Permito que esta energía fluya libremente ahora… Yo me merezco lo mejor de la vida y lo acepto ahora con humildad y agradecimiento".

Ejercicio #5: Mantenga siempre su mirada en lo positivo. — Aprenda a ver el vaso medio lleno en lugar del vaso medio vacío. Acuérdese que si sus vibraciones están elevadas, usted estará abierto para recibir abundancia del Universo. La única razón por la cual no llega a usted su bien es porque usted cierra el flujo de energía cuando baja sus vibraciones. Cuando esté atorado en alguna programación negativa, regrese al ejercicio del Billete de Lotería que hicimos en la lección #10 que consiste en comprar un billete de lotería y repasar mentalmente todo lo que se podría comprar, pagar, donar, etcétera con el premio mayor.

Consejos finales:
Estos ejercicios requieren repetición y práctica para que usted se vuelva un maestro. No desista y diviértase mientras practica.

Su amigo, Bernabé.

El Sueño de Dios contra el Diablo

Sueño:

Tengo varios sueños repetitivos. Uno es con personas muertas. También sueño que hay una lucha entre Dios y el Diablo. Una vez hace tiempo soñé que una tormenta de brisa huracanada estuvo en mi barrio, en mi país. Mis familiares y yo corríamos huyendo del viento. Nos metimos en una casa de un vecino ya que era la más cercana para escondernos.

En eso nos miramos por la ventana y un trapo de tela negra, más bien larga y angosta, estaba enrollándose por donde corría el viento y se escuchaba una voz que decía "Dios no existe, existo yo". Mi familia y yo, atemorizados esperábamos que todo pasara para volver a nuestra casa. En eso desperté.

Otro día soñé que yo miraba desde un balcón y veía bajo mis ojos un camino de cemento por donde un carro manejaba. Detrás del carro, una corriente de agua corría, como un río desbordándose en esos momentos. Un amigo estaba cerca al camino por donde corría el agua y yo tenía miedo por él. Después vino una tormenta de viento y mi madre, mi hijo y yo nos escondíamos del viento en un closet. No tuvimos tiempo de proteger a mi sobrina y ella se quedó sola en un closet diferente al que mi mamá y yo nos habíamos refugiado.

Mi sobrina gritaba y lloraba asustada, mientras yo le decía que se mantuviera tranquila, que todo pasaría. Levanté la cabeza a mirar la tormenta y vi una corona de espinas volando en el aire, como la de Jesucristo. Luego la tormenta de viento pasó. Ruby.

Interpretación:

Amiga Ruby: Tus sueños bien podrían indicar que tienes poderes extra sensoriales y que cuando estás dormida llevas a cabo viajes astrales. Cuando ves a personas que ya están muertas, algunos expertos podrían coincidir en que tal vez estás comunicándote con seres del más allá o "del otro lado", como algunos estudiosos del tema han dado a llamar a esa dimensión donde viven los espíritus.

En relación a lo que piensas que es una lucha de Dios contra el Diablo, tus sueños parecen indicar que tú percibes que en el universo hay fuerzas del mal opuestas a las fuerzas del bien y las representas simbólicamente con los fenómenos climatológicos naturales. Tu amigo, Bernabé.

Símbolos: *Muerto, Dios, diablo, tormenta, ventana, tela, temor, balcón, río, viento, closet.*

Los Números y su Significado

0 Representa todo o nada. Algo que puede ser (potencial), o lo que ya ha sido (pasado). Puesto a la izquierda de cualquier número lo reduce, puesto a la derecha lo aumenta.

1 Representa la voluntad. Es el motor que impulsa a hacer las cosas. Es el número del líder. Es fuerte, dominador. Es un pilar y es el símbolo de la energía masculina.

2 Representa dualidad, polos opuestos. Masculino, femenino. Bondad y maldad. Principio y fin. Es el principio femenino. Obediencia, receptividad, subconsciente. Alma gemela.

3 Representa la creación, la Trinidad, la Providencia. Es la representación del triángulo. Las tres virtudes: Fe, Esperanza y Caridad. El Padre, el Hijo y el Espíritu Santo. La madre, el padre y el bebé.

4 Representa firmeza, solidez, confiabilidad. Representa progreso, justicia, habilidad, civilización. Es el símbolo del comercio, la prosperidad económica y las ganancias.

Representa el libre albedrío. El poder de decisión. La ley de siembra y cosecha que hace que lo que uno siembra sea lo mismo que coseche. Es el número de la expansión, de los visionarios que "ven" el fruto cuando están sembrando la semilla.

Representa orden y equilibrio. Es el número de la justicia. Es el número de la empatía, del amor incondicional, del balance, la contabilidad. Es el número de la protección, del curandero y también de la madre que nutre a su criatura hasta verla crecer.

Representa al universo. Cuatro partículas del bien por tres del mal, lo que significa que según las leyes universales, el bien siempre triunfa sobre el mal. Es el número de la ciencia, la alquimia y el inconsciente colectivo.

Representa: justicia, equilibrio y también el infinito porque se termina en el punto donde inicia. Es la ley de los ciclos donde la primavera da paso al verano, éste al otoño, éste a su vez da paso al invierno y el ciclo gira y vuelve a empezar. Es el número del poder económico.

Representa las grandes realizaciones mentales y espirituales. Es el número de la perfección, de lo que se ha logrado. Representa la religión, la filantropía, el llamado del deber. El Yo Superior. El karma, el sacrificio por un bien mayor y la sabiduría divina.

Cómo convertir su Nombre a Números

1	2	3	4	5	6	7	8	9
a	b	c	d	e	f	g	h	i
j	k	l	m	n/ñ	o	p	q	r
s	t	u	v	w	x	y*	z	

*Nota: La "y" funciona como consonante cuando tiene sonido "ye" como en Yolanda, Yesenia, etcétera (valor 7). Y funciona como vocal cuando tiene sonido "i", como en Yvette o Yvonne (valor 9).

Paso seguido se convierte cada letra del nombre o los nombres y del apellido o apellidos, según los use la persona.

Por ejemplo, si una persona tiene dos nombres pero usa solamente uno, debe basar este estudio únicamente en el nombre que usa. Otro ejemplo: si la persona tiene un nombre como Antonio, pero usa el nombre de Tony, debe basar este estudio en Tony, porque es el nombre bajo cuyas vibraciones opera diariamente.

Otro ejemplo más: Si la persona tiene dos apellidos, pero usa solamente uno, debe basar este estudio en el apellido que usa. Y, si el segundo apellido lo convierte en inicial, esa inicial debe ser incluida en el estudio.

En una palabra: para fines de este estudio y para sacar los números de la suerte que conviene usar en billetes de lotería, es mejor usar el nombre tal y como lo usamos en la vida cotidiana.

Ejemplo: Pedro Infante:

Pedro: 7+5+4+9+6=31
Infante: 9+5+6+1+5+2+5=33
33+31= 64
6+4=10
1+0=1

Pedro Infante=1

Nota: Después de determinar los números bajo los cuales vibra su nombre, usted puede usarlos para jugar a la lotería. En este ejemplo, se podrían usar el 31, 33, el 64, el 10 y el 1.

Tipos de Personalidad

Tiene un gran dominio de sí mismo. Cualidades de mando y organización. El número 1 es persona inclinada a ser el centro de una actividad social. Una parte negativa de esta personalidad es que puede ser demasiado egocéntrico y olvidarse de los sentimientos de los demás.

Tiene las emociones a flor de piel. Capta las situaciones por medio de todos los sentidos. Es persona que sabe trabajar en grupo. Una parte negativa de esta personalidad es que puede ser demasiado introvertido, incluso tímido.

Positivo, optimista y con buen talante. Ve las situaciones en forma panorámica. Tiene buen manejo del lenguaje. Suele tener tendencias artísticas. Una parte negativa de esta personalidad es que puede ser demasiado soñador y olvidarse de sus tareas.

Mente sólida, y muy organizada, suelen tener un carácter fuerte. Es persona que sabe asumir sus responsabilidades. Detesta lo frívolo y lo superficial. Una parte negativa de esta personalidad es que puede llegar a ser demasiado receloso y rígido.

5 Mente rápida, y con capacidad de decisión. Tiene gran habilidad para aprovechar el momento. Persona versátil y con gran capacidad de adaptación. Una cualidad negativa es que puede dejarse llevar por sus impulsos y ser demasiado inestable.

6 Le gusta estar rodeado de belleza y armonía. Le gusta la buena vida. Persona que gusta de servir a los demás y no les importa sacrificarse por los demás. Una cualidad negativa es que pueden sacrificarse tanto que podrían sentirse víctimas con resentimientos.

7 Tiene una tendencia al análisis, racionalización y gusta de todo lo misterioso y oculto. Es persona introvertida y muy receptiva. Tiene gran capacidad de pensamiento. Una parte negativa es que pueden aislarse de los demás y olvidarse del mundo externo.

8 Tiene vocación por el poder, y es muy ambicioso. Gran sentido práctico. Les gusta tener prestigio económico y progreso financiero. Una parte negativa de esta personalidad es que pueden llegar a ser demasiado materialistas y olvidarse de lo espiritual.

9 Es bondadoso y gusta de brindar ayuda generosamente y sin esperar recompensa. Persona que sabe ayudar a los demás. Fuertes sentimientos de empatía y solidaridad. Una parte negativa de esta personalidad es que podría convertirse en despilfarrado y poco práctico.

Determine su Número de la Suerte por medio de la Fecha de Nacimiento

1. Convierta el mes a un solo dígito.
2. Convierta el día a un solo dígito.
3. Convierta el año a un solo dígito.
4. Sume los tres números y conviértelos a un solo dígito.

Ejemplo:

Una persona que nació en noviembre 27 de 1975
Mes noviembre= (11) 1+1= 2
Día 23= 2+3=5
Año 1974 = 1+9+7+4=(21) = 2+1=3
Sus números son 2+5+3= 10

Esta persona puede jugar con el 10 o con el 1 y los puede usar como mega número.

El Sueño de los Números de la Suerte

Sueño: *"Soñé que estaba en mi ciudad natal en Cuba. En la calle me encontré una mujer china, de mediana edad. Me dijo que fuera a su casa que me iba a entregar un rollo de fotografías para que yo lo llevara a revelar.*

Me llevó a su casa. Abrió la puerta y vi a un señor (quizá su esposo), chino también, que estaba acostado, pero no dijo nada. La china me entregó el rollo, pero me dijo que tenía que dejarle como garantía una identificación.

Evidentemente yo estaba muy interesado en revelar las fotos porque abrí mi cartera y le dejé un documento importante (bien mi licencia o mi seguro social). Salí y me dirigí a un estudio cercano para dejar el rollo a que lo revelaran. En eso me desperté.

Lo curioso es que unos días después me dirigí a un súper-mercado pequeño donde nunca había estado antes y me encontré que los dueños del lugar son un matrimonio chino que vende lotería. ¿Tendrá algún significado?" Gracias. José.

Interpretación:

Amigo José: tu sueño tiene un significado muy peculiar y personal porque eres cubano y en tu país la Charada China revela los números de la lotería a través de los sueños. ¿Te fijas toda la conexión? En tu sueño la mujer china te iba a dar un rollo fotográfico para que revelaras las fotos. Cuando un rollo se revela, lo que tú vas a ver son imágenes. En la Charada China los números de la suerte se revelan a través de imágenes. Como si el sueño fuera poco, días después te encuentras a la pareja de chinos que vende lotería.

Lo único que te falta para jugar esos números de lotería es volver a soñar con el rollo y verlo revelado. Para lograr que esos números te sean revelados, practica todos los días, antes de irte a dormir un sencillo ejercicio: Pon en tu buró un cuaderno y un lápiz. Acuéstate boca arriba. Cierra los ojos. Relaja tu cuerpo. Concentra tu mente en seguir tu respiración. Durante unos minutos no pienses en nada. Deja que tu cuerpo y tu mente se relajen. Después, cuando ya te sientas a punto de sumergirte en el sueño, pide a tu mente que te revele en sueños las imágenes o números de la suerte para ti. Repite este procedimiento cada noche hasta que tengas resultados. Si durante la noche te fueron revelados los números o las imágenes de la suerte, ten la precaución de anotarlos en tu cuaderno inmediatamente al despertar. No olvides esto porque los sueños se esfuman vertiginosamente de la mente conforme la conciencia diaria toma comando.

Tu amigo, Bernabé.

Charada China

En Cuba, la Charada es una tabla compuesta por 100 números y sus respectivos símbolos. Del 1 al 36 son tomados de la llamada Charada China, o chiffá. Los restantes son patrimonio de la creatividad del pueblo cubano. La gente relaciona sus sueños con estos números y los utiliza a la hora de hacer apuestas o jugar a la lotería.

Símbolo y número de Página:

Abanico, 38	Armadura, 32	Brillante, 34	Carpintero, 33	Corona, 47
Abeja, 29	Armas, 32	Bruja, 36	Carretera, 36	Coronel, 43
Abismo, 37	Asesino, 41	Buena Noticia,	Carretilla, 41	Correr, 48
Abogado, 39	Automóvil, 32	44	Carta, 30	Cosecha, 48
Aborto, 42	Avecillas, 40	Bufón, 29	Casa, 33	Cotorra, 33
Actriz, 45	Avispa, 34	Caballero, 30	Cementerio, 42	Cubo, 30
Aduanero, 46	Bailarina, 44	Caballo, 29	Cepillo, 46	Cucaracha, 38
Adulterio, 40	Baile, 36	Cachimba, 36	Cerillos, 31	Cuchara, 34
Ágata, 31	Bala, 44	Caerse, 39	Cetro, 43	Cuchillo, 34
Agua, 46	Bandera, 34	Cafetera, 29	Chaleco, 33	Cuerda, 45
Águila, 34	Banderas, 44	Cajas de Metal,	Chimenea, 33	Cuernos, 41
Ajedrez, 43	Bandido, 41	44	Chino, 38	Cuervo, 46
Alacrán, 37	Banquero, 45	Calabaza, 30	Chivo, 34	Culebra, 36
Alegría, 38	Baraja, 35	Calle, 34	Ciego, 45	Cura, 36
Alguacil, 39	Barbería, 38	Cama, 40	Ciempiés, 29	Dedal, 46
Almanaque, 34	Barco, 45	Camarón, 34	Cigarro, 33	Dedo, 47
Alpargata, 47	Barril, 36	Camello, 33	Cine, 43	Demonio, 35
Amigos, 37	Bastón, 45	Camiseta, 32	Clarín, 37	Derrumbe, 48
Anafre, 31	Batea, 40	Campana, 34	Coche, 39	Desafío, 48
Anarquista, 47	Baúl, 46	Campesino, 32	Cochino, 35	Desnudarse, 46
Ancla, 31	Beso, 37	Canario, 34	Cocina, 33	Dinamita, 42
Andarín, 47	Bicicleta, 39	Candado, 29	Coco, 42	Dinero, 30
Anfora, 44	Billetes de	Cangrejo, 39	Cofre, 45	Dios, 48
Ángeles, 40	Banco, 44	Cañón, 32	Coladera, 48	Divorcio, 42
Anguila, 34	Bodega, 36	Cañonazo, 41	Cólera, 43	Elefante, 30
Anillo, 40	Bofetada, 35	Cantina, 36	Collar, 43	Enemigo, 35
Año Malo, 37	Bohio, 45	Capataz, 35	Coloso, 36	Entierro, 30
Apetito, 44	Bolos, 42	Capuchino, 37	Cometa, 31	Escalera, 33
Araña, 35	Bolsa, 47	Cara, 40	Cómico, 40	Escoba, 43
Árbol de	Bombero, 36	Caracol, 30	Comida, 41	Escorpión, 47
Dinero, 36	Bombillo, 35	Caracola, 47	Conejo, 36	Escuela, 35
Árbol, 31	Borracho, 38	Caramelo, 46	Contorsionista,	Espada, 41
Arco Iris, 34	Botella, 30	Cárcel, 41	45	Espejo, 45
Ardilla, 46	Boticario, 41	Carnaval, 42	Convento, 46	Espejuelos, 46
Arete, 31	Botón, 32	Carnero, 37	Corbata, 43	Esposas, 34

001
Caballo
Tintero
Abeja
Pescado
Chico
002
Mariposa
Hombre
Bufón
Cafetera
003
Marinero
Luna
Ciempiés
Taza
004
Gato
Llave
Soldado
Vela
005
Monja
Mar
Periódico
Candado

Tortuga

Botella

Reverbero

Carta

006

Sueño

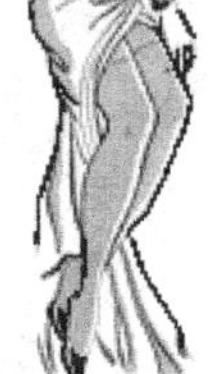
Medias

Caballero

Caracol

007

Muerto

Calabaza

Mesa

León

008

Entierro

Lira

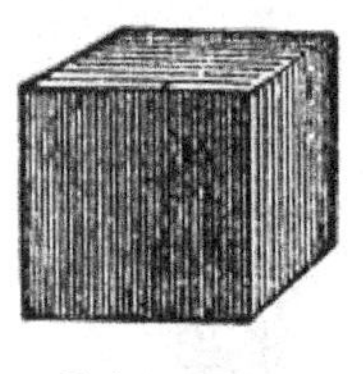
Cubo

Elefante

009

Pescado Grande

Paseo

Dinero

Lancha

010

011
Gallo
Lluvia
Taller
Cerillos
012
Cometa
Mujer
Viaje
Media Luna
013
Pavo Real
Anafre
Vagabundo
Niño
014
Tigre
Ágata
Arete
Sartén
015
Visita
Árbol
Perro
Ancla

016
Toro
Incendio
Plancha
Automóvil
017
Santa
Fuma Opio
Armas
Luna
Nueva
018
Iglesia
Sirena
Palma
Botón
019
Campesino
Jutía
Armadura
Lombriz
020
Separación
Cañón
Orinal
Camiseta

Maja
Chaleco
Cigarro
Cotorra
021
Chimenea
Estrella
Lirio
Sapo
022
Velero
Escalera
Camello
Monte
023
Paloma
Música
Carpintero
Cocina
024
Casa
Suegra
Muchacha
Piedra Fina
025

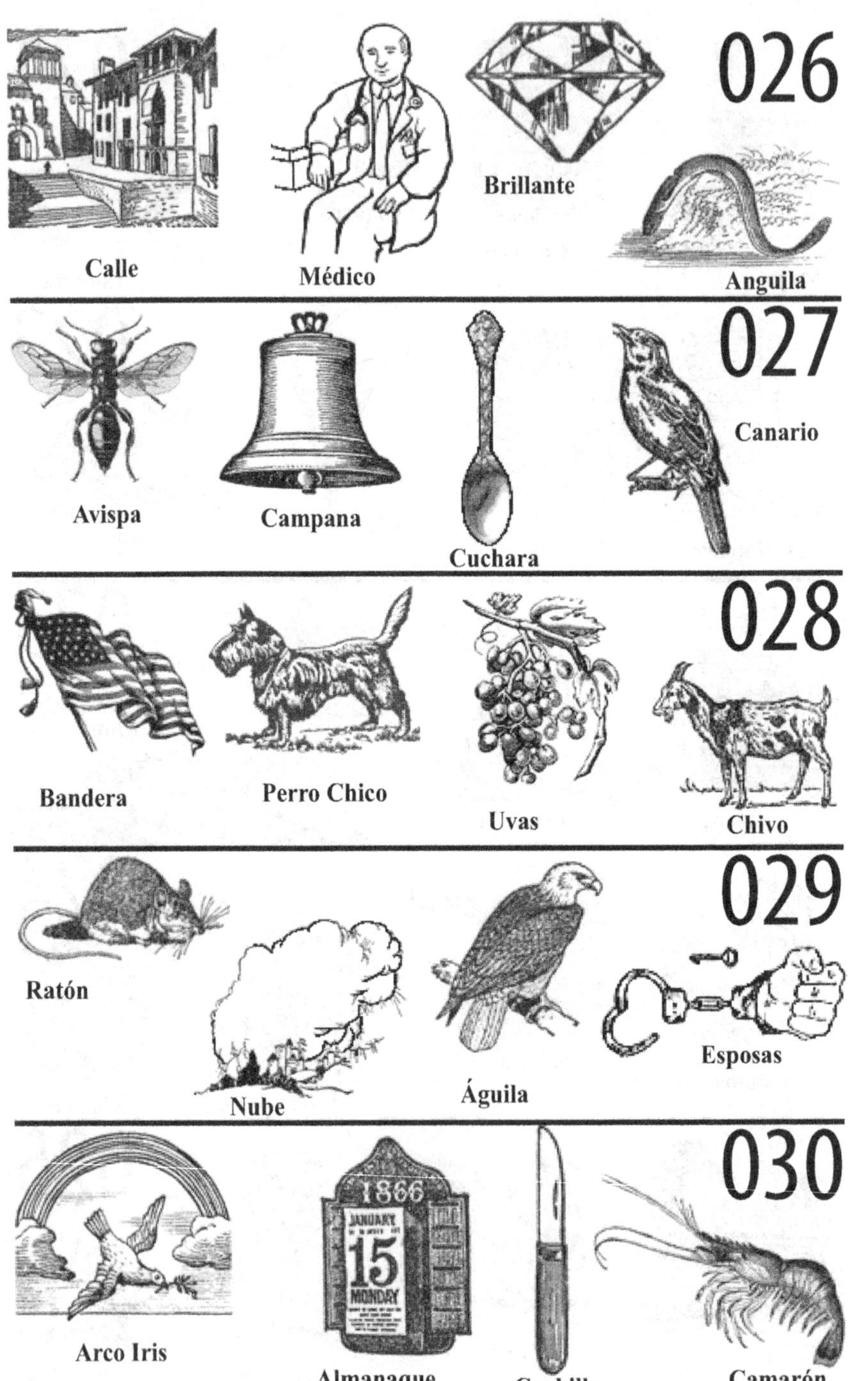
026
Calle
Médico
Brillante
Anguila
027
Avispa
Campana
Cuchara
Canario
028
Bandera
Perro Chico
Uvas
Chivo
029
Ratón
Nube
Águila
Esposas
030
Arco Iris
Almanaque
Cuchillo
Camarón

031			
Venado	Escuela	Mago	Zapato
032 Cochino	Máquina de Escribir	Demonio	Enemigo
033 Tiñosa	Jesucristo	Bofetada	Baraja
034 Mono	Familia	Capataz	Negro
035 Novia	Mosquito	Bombillo	Araña

036

Cachimba · Bodega · Coloso · Pajarito

037

Bruja · Carretera · Gitana · Hormiga

038

Árbol de Dinero · Macao · Barril · Goleta

039

Rayo · Culebra · Baile · Conejo

040

Cura · Cantina · Bombero · Sangre

041

Prisión

Capuchino

Clarín

Lagartija

042

Abismo

Liga

Carnero

Pato

043

Amigos

Alacrán

Jorobado

Vaca

044

Infierno

Año Malo

Tormenta

Beso

045

Presidente

Tiburón

Traje

Tenedor

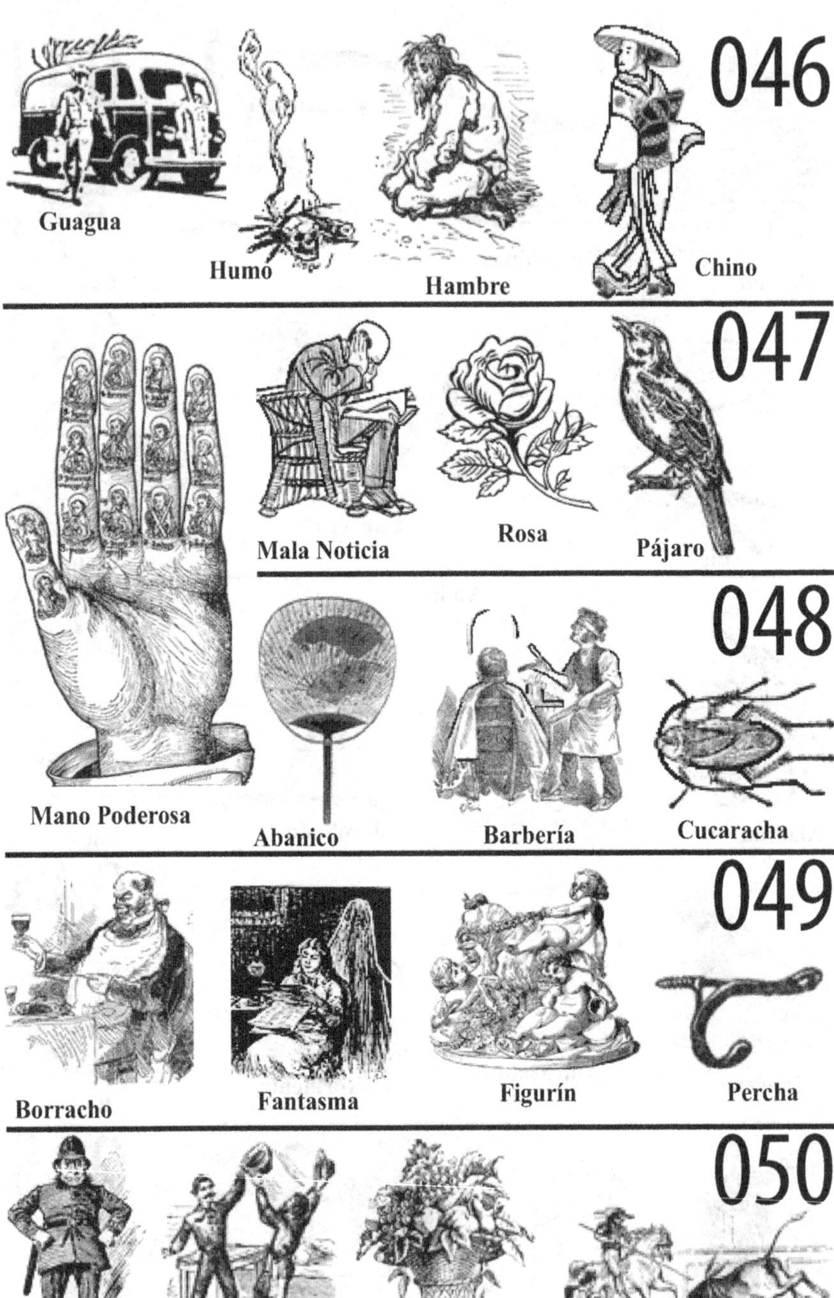

046

Guagua

Humo

Hambre

Chino

047

Mano Poderosa

Mala Noticia

Rosa

Pájaro

048

Abanico

Barbería

Cucaracha

049

Borracho

Fantasma

Figurín

Percha

050

Policía

Alegría

Florero

Picador

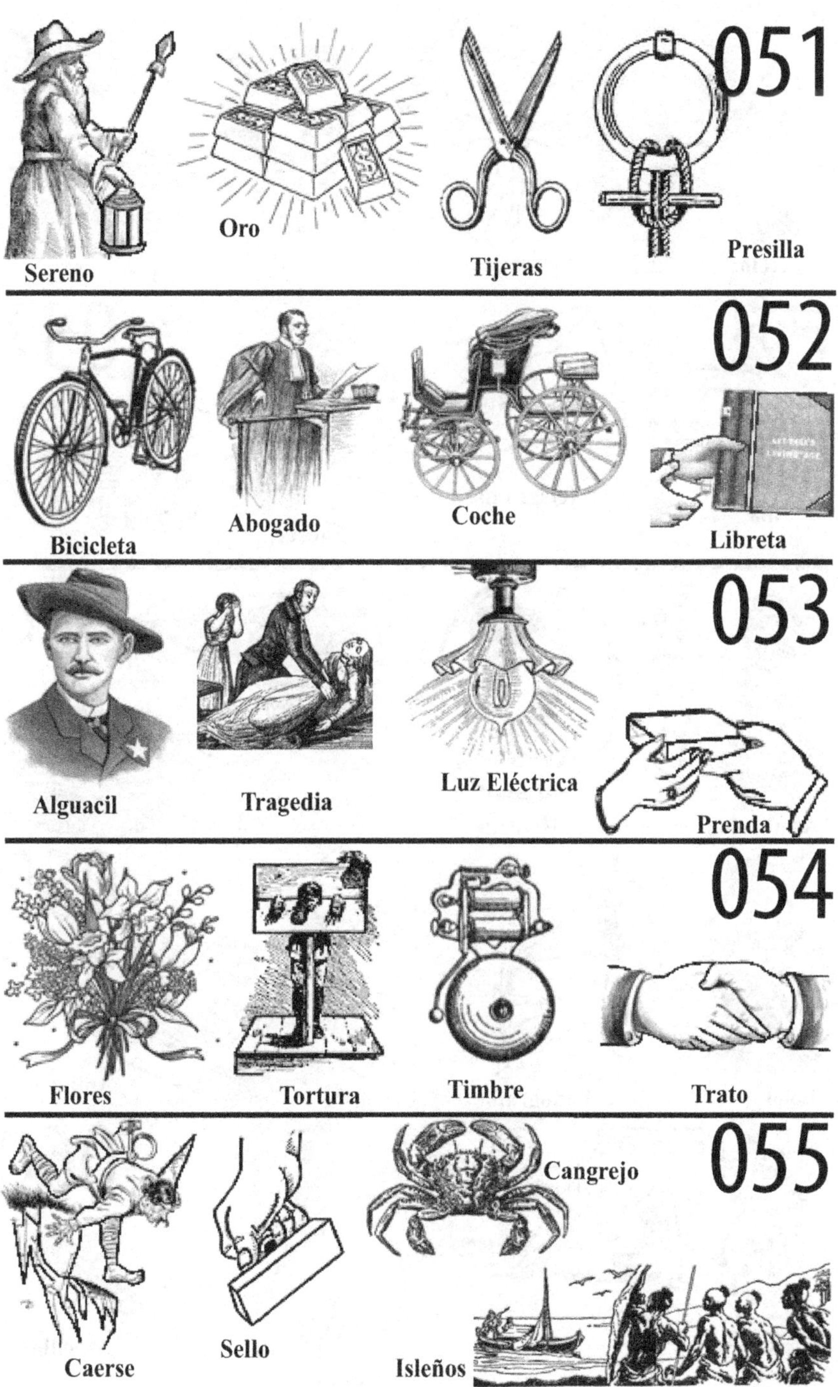

051
Sereno
Oro
Tijeras
Presilla
052
Bicicleta
Abogado
Coche
Libreta
053
Alguacil
Tragedia
Luz Eléctrica
Prenda
054
Flores
Tortura
Timbre
Trato
055
Caerse
Sello
Cangrejo
Isleños

056
Reina
Merengue
Cara
Piedra
057
Cama
Telegrama
Puerta
Ángeles
058
Adulterio
Retrato
Ferétro
Batea
059
Loco
Fonógrafo
Langosta
Anillo
060
Payaso
Sol
Cómico
Avecillas

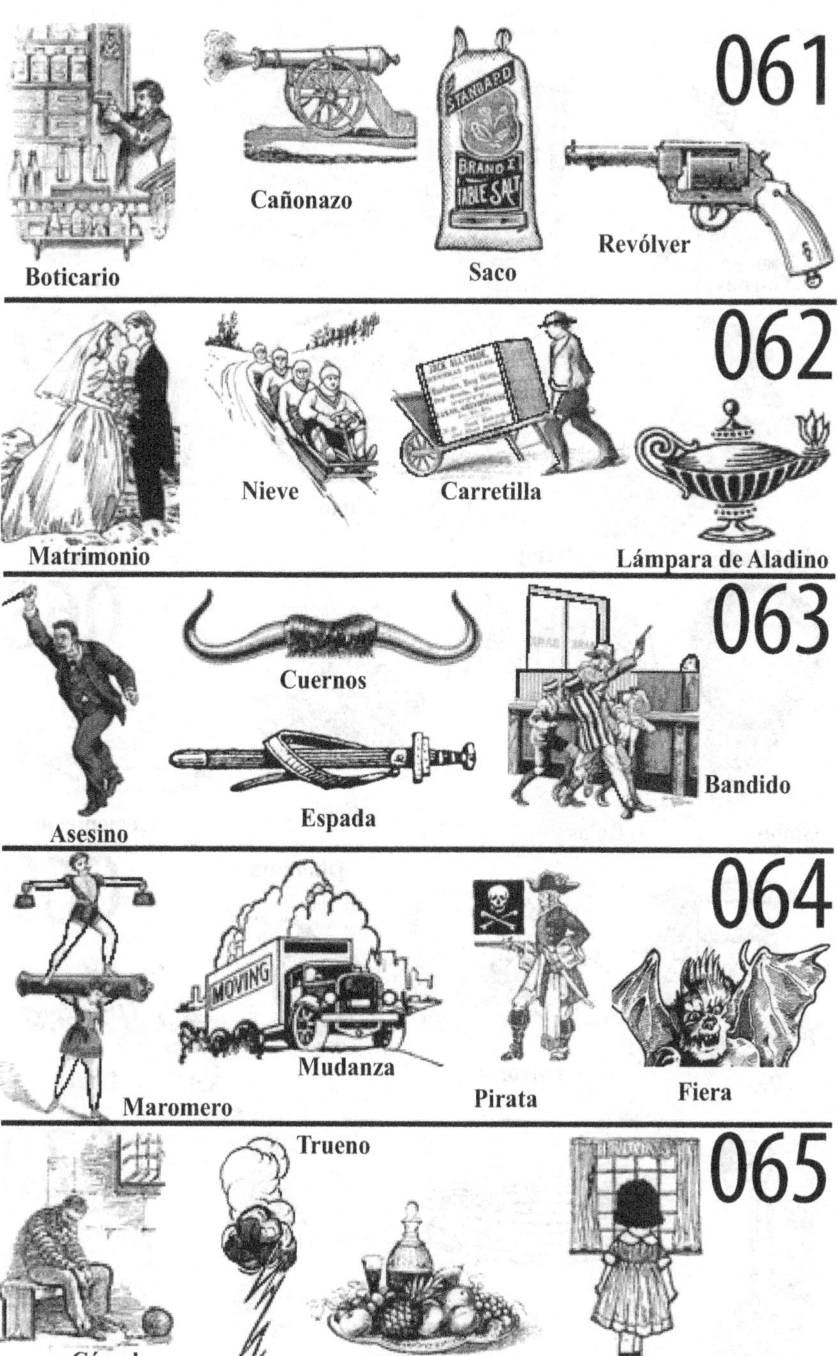

061

Boticario

Cañonazo

Saco

Revólver

062

Matrimonio

Nieve

Carretilla

Lámpara de Aladino

063

Asesino

Cuernos

Espada

Bandido

064

Maromero

Mudanza

Pirata

Fiera

065

Cárcel

Trueno

Comida

Ventana

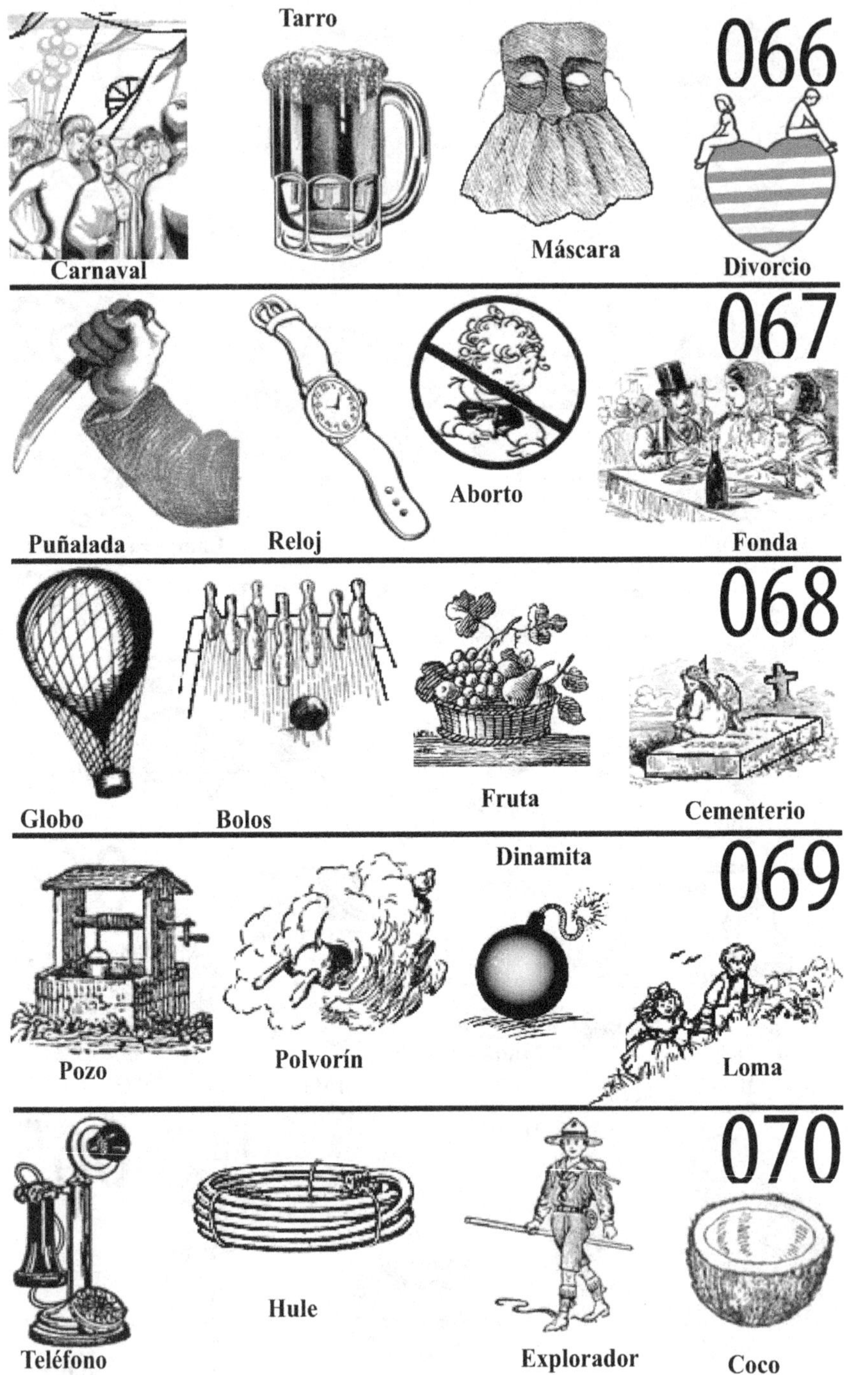

Carnaval
Tarro
Máscara
066
Divorcio
Puñalada
Reloj
Aborto
067
Fonda
Globo
Bolos
Fruta
068
Cementerio
Pozo
Polvorín
Dinamita
069
Loma
Teléfono
Hule
Explorador
070
Coco

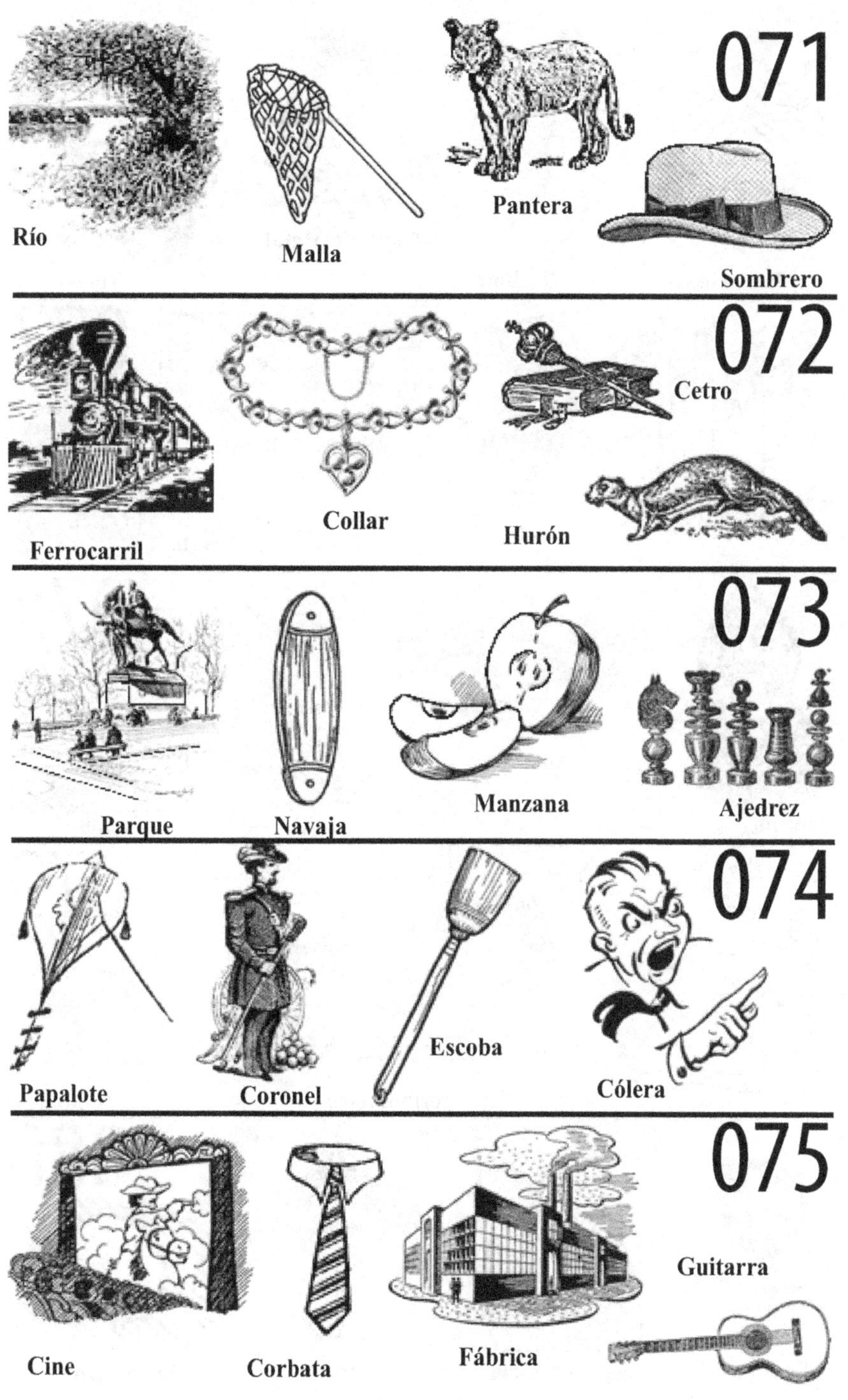

071

Río

Malla

Pantera

Sombrero

072

Ferrocarril

Collar

Cetro

Hurón

073

Parque

Navaja

Manzana

Ajedrez

074

Papalote

Coronel

Escoba

Cólera

075

Cine

Corbata

Fábrica

Guitarra

			076
Bailarina	Bala	Cajas de Metal	Violín

			077
Banderas	Ánfora	Billetes de Banco	Llanto

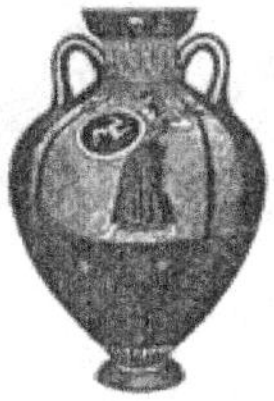

			078
Obispo	Apetito	Rey	Premio

Niña

			079
Lagarto	Termómetro	Gallina	

			080
Trompo	Buena Noticia	Paraguas	Luna Llena

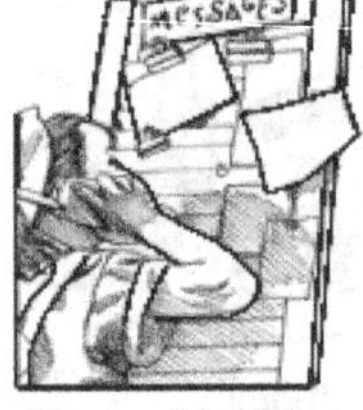

081
Teatro
Barco
Actriz
Cuerda
082
Pleito
Muelle
Contorsionista
Madre
083
Procesión
Bastón
Madera
Limosnero
084
Ciego
Sastre
Bohio
Cofre
085
Espejo
Gárgola
Banquero
Guano

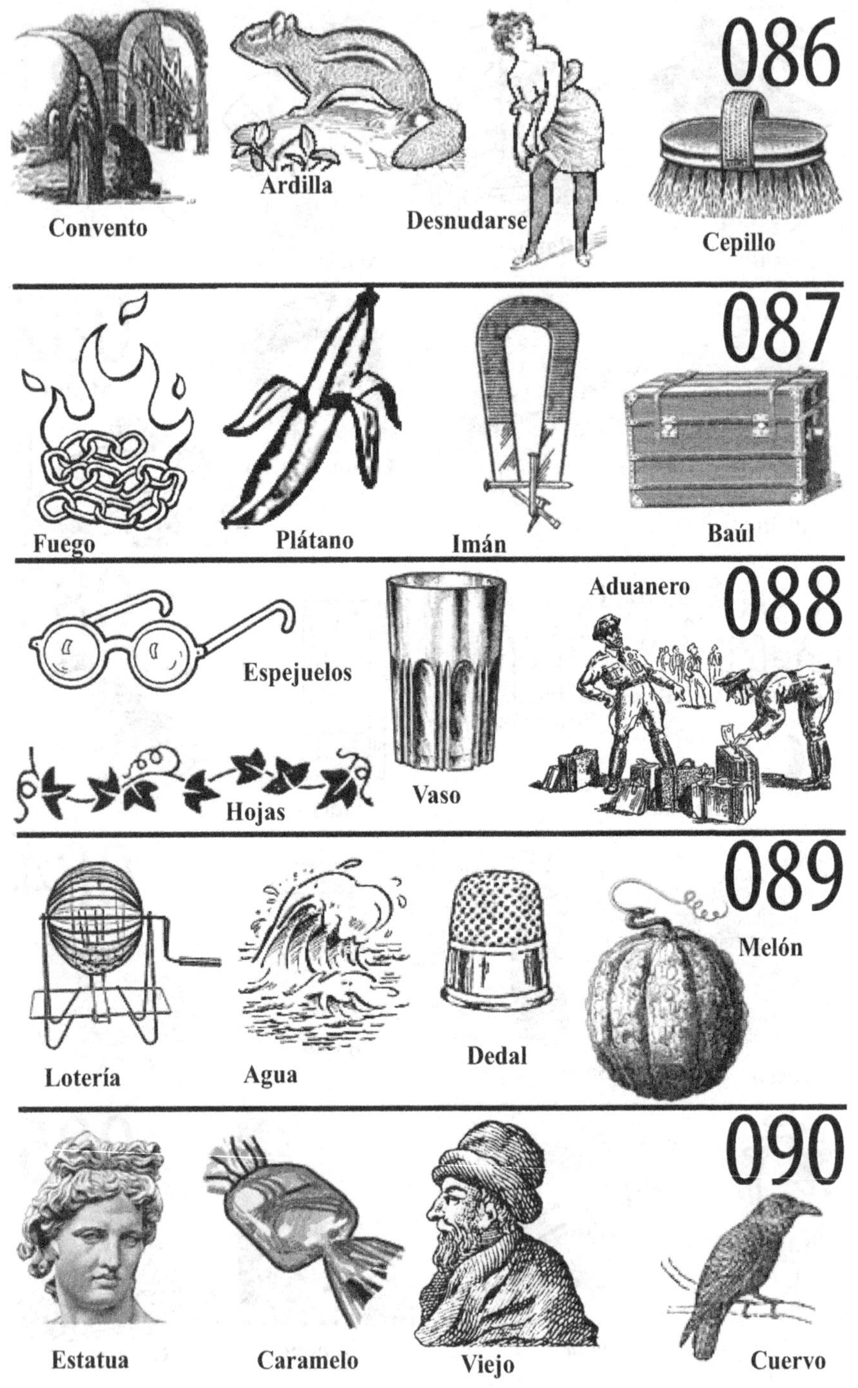

Convento
Ardilla
Desnudarse
086
Cepillo
Fuego
Plátano
Imán
087
Baúl
Espejuelos
Aduanero
088
Vaso
Hojas
Lotería
Agua
Dedal
089
Melón
Estatua
Caramelo
Viejo
090
Cuervo

Alpargata
Dedo
Bolsa
091
Escorpión
092
Suicidio
Anarquista
Kiosco
Espuela
Libertad
093
Andarín
Corona
Caracola
094
Leontina
Perfume
Machete
Fusil
095
Guerra
Libro
Maleta
Luna Vieja

096

Desafío

Garrote

Pícaro

Roca

097

Sinsonte

Correr

Máquina de Coser

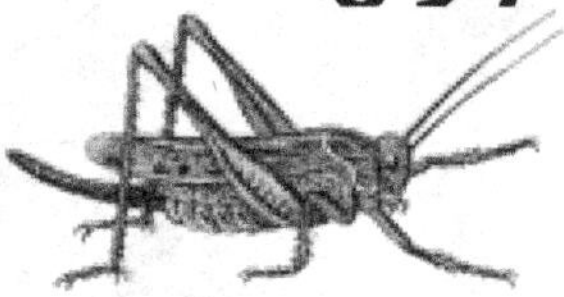

Grillo

098

Piano

Cosecha

Ortofónica

Serpiente

099

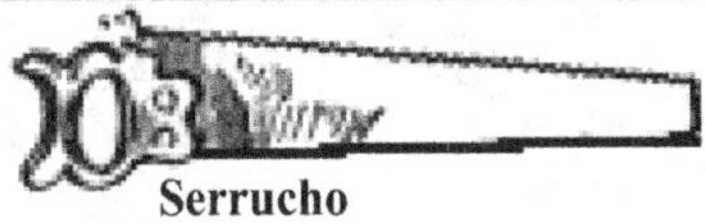

Serrucho

Coladera

Puente

Patín

100

Inodoro

Derrumbe

Dios

Guadaña

Sueños Convertidos en Números de Lotería

Para encontrar sus números de la suerte, hay dos procedimientos.

Procedimiento básico:
- Juegue directamente el número de cada símbolo que soñó, ó
- Juegue los números de varios símbolos en un billete múltiple.

Procedimiento vibracional:

Uno. Apunte sus sueños. Cada mañana, al despertar, tenga a la mano una libreta. En ella, escriba mecánicamente lo que recuerda del sueño. Es importante hacerlo así para que las ideas no se escapen y queden lo más cercano posible a como se presentaron en el sueño.

Dos. Deje pasar unos días antes de releer.

Tres. Análisis de símbolos. En los escritos sobre sus sueños usted encontrará colores, objetos, animales, acciones. Cada uno de esos elementos puede tener un significado oculto para la conciencia. Al releer, identifique los elementos por separado y haga un listado con los elementos más importantes.

Cuatro. Busque en este diccionario dichos símbolos. Anote los números. Juegue esos números solos o de golpe todos juntos. Combínelos con el número de su nombre o con el número de su fecha de nacimiento. Combine o deseche números tantas veces como sea necesario hasta que usted sienta que se conecta con una cierta combinación de números.

Cinco. Si el sueño fue muy impactante, guarde esos números y juéguelos constantemente.

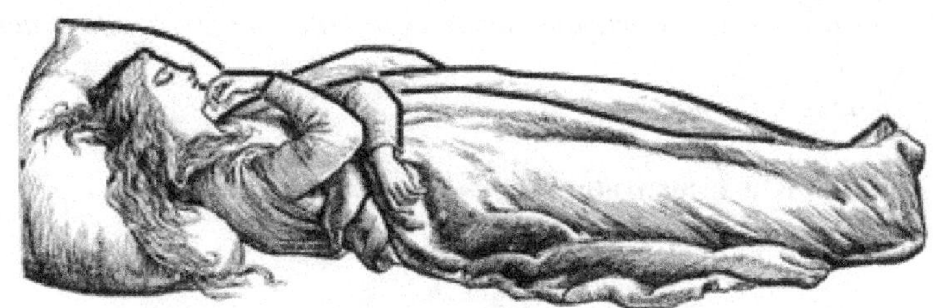

El Sueño de la Abuela Protectora

Sueño:

"Este sueño que le voy a contar lo tuve cuando yo tenía 17 años. En esos días mi mamá se estaba divorciando de su segundo esposo y mi papá se acababa de suicidar. Yo estaba muy mal en mis sentimientos y mi abuela materna me había traído a su casa para cuidarme. Yo vivo en un pueblo pequeño y no tengo hermanos, pero si tengo medio hermanos del lado de mi mamá. Mi papá nunca se volvió a casar y nunca pudo sobreponerse del abandono de mi mamá.

Después que yo llegué a casa de mi abuela, a las pocas semanas ya me sentía muy calmada y una noche soñé que yo iba caminando por una ciudad muy grande, las calles estaban mojadas porque acababa de pasar una tormenta. En la ciudad se veía poca gente, pero toda amistosa y yo iba caminando tranquila hasta que llegué a una esquina y di la vuelta y entonces vi un edificio muy grande.

Me metí al edificio y empecé a subir las escaleras y después de mucho subir llegué a lo que yo supongo sería una parte alta del edificio pero no era la azotea ni mucho menos cuando me encontré con un cofre lleno de monedas de oro y en eso me desperté". Rita

Interpretación:

Amiga Rita, tu sueño refleja tu vida en esos momentos. La ciudad grande con poca gente pero amistosa, indica que en tu vida la gente que te rodea es amable contigo. La ciudad mojada podría indicar que la tormenta en tu vida estaba pasando. El edificio grande eres tú misma y tu subiste muy arriba (corazón) pero no tan alto que fuera la azotea (cabeza). En el área del corazón te encontraste con un cofre de monedas de oro, lo que podría representar tu riqueza interna y la capacidad que tú misma sabes que tienes para superar las crisis de tu vida.

Pero ojo: el cofre de monedas es muy pesado y está en lo alto de un edificio. Para podértelo llevar, en tu inconsciente, sabes que necesitas ayuda de otros (tu abuela que estaba a tu lado apoyándote).

Es interesante cómo el inconsciente se manifiesta en los sueños. A tu joven edad, tal vez por haber sufrido pérdidas tan grandes, tu mente se manifestó para recordarte que dentro de ti había recursos suficientes para enfrentar la vida.

Tu amigo, Bernabé.

Símbolos a interpretar: *ciudad, tormenta, gente, edificio, escalera, azotea, cofre, moneda, oro.*

Abandono 9-25-35-44-51 ~26
Abdomen 8-15-40-43-53 ~9
Abeja 15-16-33-53-54 ~33
Abejorro 12-18-24-37-51 ~21
Abismo 4-7-12-32-36 ~24
Abogado 7-19-31-32-54 ~33
Abono 6-17-19-29-38 ~45
Aborto 1-27-28-32-39 ~9
Abrazar 9-18-31-49-52 ~15
Abrazo 4-15-41-44-47 ~22
Abrigo 7-29-47-53-55 ~33
Abril 11-38-39-54-56 ~41
Absolver 20-31-37-43-56 ~25
Abuela 22-29-31-33-44 ~11
Abuelo 16-25-34-41-45 ~44
Abundancia 11-14-16-22-43 ~23
Abuso 4-13-28-36-50 ~9
Academia 12-13-20-42-47 ~30
Accidente 9-21-23-28-50 ~12
Acciones bolsa 6-14-18-24-44 ~7
Aceite 11-25-27-33-39 ~21
Aceituna 6-19-26-34-46 ~39
Aceptación 7-21-31-35-49 ~2
Acertijo 16-29-46-47-53 ~2
Ácido 4-5-28-49-51 ~25
Acné 5-8-30-36-46 ~45
Acordeón 8-29-34-36-43 ~29
Acróbata 11-17-35-39-54 ~16
Actor / actriz 11-14-29-34-42 ~34
Acuario 5-8-20-22-29 ~19
Acueducto 4-8-15-21-40 ~21
Acuñar 13-18-23-48-54 ~16
Acupuntura 6-18-44-47-52 ~13
Acusación 25-31-33-45-50 ~31
Adán y Eva 11-24-36-46-52 ~9
Adán 6-9-12-14-52 ~28
Admiración 23-30-33-40-41 ~35
Adopción 4-24-30-32-36 ~22
Adulación 17-18-22-51-55 ~29
Adulterio 10-23-42-46-53 ~39
Adversario 23-37-41-47-52 ~14
Adversidad 5-13-16-26-46 ~33
Aficionado 11-13-14-21-45 ~41

Afilador 1-4-6-28-54 ~29
Afilar 2-8-13-24-50 ~40
Aflicción 6-16-29-50-54 ~37
Afrenta 7-19-20-31-45 ~24
África 24-25-33-50-52 ~24
Ágata 1-24-41-42-46 ~25
Agencia empleo 34-41-45-50-54 ~30
Agonía 12-37-40-52-54 ~13
Agosto 3-17-35-48-52 ~8
Agradable 12-18-38-39-46 ~22
Agua mineral 1-15-21-25-56 ~36
Agua 3-27-39-49-56 ~27
Aguanieve 5-19-20-21-50 ~16
Águila Calva 2-24-26-49-55 ~7
Águila 6-11-22-40-55 ~46
Aguja 2-5-37-43-53 ~33
Ahogamiento 2-10-19-41-42 ~35
Ahorcado 9-10-37-49-53 ~25
Ahorcar 2-3-4-11-37 ~12
Aire 6-13-19-21-25 ~2
Ajedrez 3-5-7-16-37 ~5
Ajo 5-9-21-24-42 ~21
Alabama 15-17-39-43-45 ~43
Alacena 19-25-30-44-50 ~31
Álamo 16-22-36-51-53 ~7
Alardear 21-22-35-47-56 ~21
Alarma 4-7-42-48-54 ~19
Alas 4-11-20-45-46 ~8
Alaska 4-16-42-49-55 ~23
Albahaca 8-27-33-37-56 ~6
Albañil 13-18-19-35-38 ~29
Albaricoque 8-13-30-40-43 ~11
Albatros 5-7-30-42-49 ~26
Albergue 17-18-19-21-33 ~19
Álbum 11-22-30-34-40 ~44
Alce 38-41-42-49-51 ~13
Alcohol 17-24-39-47-56 ~28
Aldaba 14-32-35-43-50 ~18
Alegría 6-16-24-46-49 ~3
Alfarero 3-6-36-37-52 ~14
Alforja 9-10-13-45-49 ~28
Algodón 1-11-25-37-56 ~29
Alguacil 7-23-42-47-54 ~25

Alicates 18-22-24-36-39 ~36
Aliento 10-13-28-41-56 ~38
Almacén 15-46-47-50-51 ~26
Almacenar 14-41-49-54-55 ~27
Almanaque 16-17-25-38-39 ~17
Almas 8-28-40-47-51 ~39
Almeja 1-7-40-53-56 ~39
Almendra 4-11-29-34-36 ~9
Almizcle 2-8-20-21-44 ~34
Almohada 9-19-37-40-56 ~17
Alondra 3-16-44-47-50 ~34
Alquitrán 3-4-11-33-55 ~18
Altar 18-30-46-48-54 ~12
Alumbre 14-16-32-40-54 ~28
Aluminio 12-13-25-50-51 ~17
Ama llaves 23-33-39-40-52 ~40
Amamantar 10-25-40-53-54 ~28
Amantes 12-26-41-54-55 ~41
Amarillo 12-18-34-44-48 ~12
Amatista 12-16-18-41-45 ~42
América 7-14-30-41-46 ~8
Amigos(as) 4-22-25-35-50 ~5
Amoniaco 19-31-40-48-51 ~7
Amor 3-14-25-38-53 ~19
Amoroso 20-23-28-41-48 ~20
Amputación 21-26-37-44-48 ~20
Anaconda 10-41-44-45-50 ~20
Anafre 8-20-29-41-49 ~37
Anciana 1-10-18-34-35 ~33
Ancla 2-18-28-41-50 ~1
Andamio 26-31-40-49-54 ~1
Andarríos 9-32-39-43-46 ~30
Anémona 13-16-24-39-41 ~1
Ángeles 7-34-38-48-54 ~10
Anginas 4-6-24-53-55 ~29
Anguila 6-10-25-40-52 ~27
Anhelar 5-9-18-20-29 ~26
Anillo 1-2-39-50-54 ~42
Ansiedad 8-14-18-24-46 ~35
Antílope 3-13-14-26-35 ~7
Antorcha 11-40-46-48-53 ~11
Anuncio 5-15-36-38-41 ~11
Anzuelo 8-19-21-36-49 ~6

Añil 8-10-19-26-42 ~9
Año Nuevo 17-23-34-42-55 ~22
Apagador 22-28-33-41-48 ~37
Aparición 2-8-13-47-56 ~22
Apio 1-11-47-49-51 ~46
Apogeo 4-7-11-38-39 ~19
Aprender 30-31-32-50-52 ~18
Aprendiz 8-15-16-38-49 ~28
Apuesta 3-7-15-16-35 ~21
Arado 9-27-42-53-56 ~16
Araña 3-26-34-42-52 ~30
Árbitro 28-30-33-37-52 ~34
Árbol genealógico 9-20-28-44-51~17
Árbol Navidad 11-13-29-38-56 ~4
Árbol 21-32-36-48-53 ~11
Arboles 12-28-35-49-56 ~21
Archivos 1-2-10-14-52 ~12
Arcilla 1-13-17-33-45 ~13
Arco y flecha 8-40-47-53-55 ~13
Arco 12-13-33-39-47 ~26
Arcoíris 2-14-34-35-42 ~7
Ardilla 1-14-17-33-52 ~17
Arena movediza 2-9-19-41-50 ~8
Arena 9-14-17-53-55 ~42
Arenque 22-33-48-51-56 ~18
Aretes 3-5-17-21-50 ~17
Argentina 9-10-22-25-42 ~21
Aries 6-10-25-44-53 ~27
Arizona 16-25-31-34-38 ~41
Arkansas 5-10-13-14-34 ~14
Arlequín 7-10-26-39-46 ~18
Arma 1-3-16-29-47 ~5
Armadillo 16-19-24-42-48 ~6
Armadura 13-17-21-52-53 ~15
Armas 37-38-49-51-53 ~3
Armiño-piel de 3-9-15-18-26 ~37
Aro 12-22-39-44-56 ~8
Aroma 5-9-18-43-53 ~31
Arpa 14-26-31-43-50 ~7
Arpía 27-33-37-42-44 ~18
Arquitecto 12-24-32-46-55 ~26
Arras 19-27-28-36-50 ~37
Arrastrar 3-12-18-39-53 ~28

Arresto 11-20-36-51-52 ~46
Arroyo 10-17-32-40-52 ~44
Arroz 1-15-16-30-39 ~35
Arzobispo 2-20-37-47-53 ~45
As 17-29-38-42-49 ~30
Ascender 10-21-27-41-52 ~6
Ascenso 9-28-36-44-53 ~13
Aserrín 12-29-38-42-53 ~40
Asesinato 24-34-47-49-50 ~3
Asesino 9-29-30-42-48 ~31
Asia 16-28-34-43-44 ~19
Asiento 31-34-44-46-49 ~38
Asilo 9-12-22-26-31 ~3
Asistencia 9-10-15-42-51 ~34
Asno 11-18-27-41-46 ~16
Astilla 23-26-27-39-56 ~46
Astral 12-17-20-45-52 ~17
Astucia 7-17-23-32-40 ~13
Atar 3-29-34-35-51 ~19
Atardecer 22-29-38-48-56 ~12
Ataúd 1-25-32-40-48 ~20
Ático 1-3-27-48-50 ~36
Atlas 4-14-17-28-44 ~46
Atolladero 10-39-46-52-55 ~16
Atrio 4-13-20-33-41 ~5
Aura 7-14-45-48-56 ~38
Ausencia 5-14-16-18-39 ~8
Autillo 4-14-19-33-47 ~30
Autobús escolar 6-13-19-29-33 ~26
Automóvil 3-10-18-42-48 ~4
Autor 18-20-25-37-43 ~18
Avaro 24-29-40-41-48 ~37
Ave Fénix 6-7-10-12-46 ~18
Ave María 1-14-21-26-30 ~15
Avellana 13-14-32-49-56 ~6
Avena 25-36-40-45-46 ~1
Aventurero/a 2-11-19-30-39 ~23
Aves de corral 2-34-38-51-52 ~32
Avestruz 1-15-17-30-54 ~37
Avispa 4-9-28-38-53 ~37
Avispón 18-33-34-40-47 ~14
Ayuntamiento 23-28-29-49-54 ~8
Azadón 1-33-48-49-56 ~46

Azafrán 2-18-24-54-55 ~15
Azahar 14-23-37-46-53 ~23
Azotar 19-28-38-43-49 ~41
Azotea 16-26-28-29-48 ~34
Azúcar 7-17-26-30-34 ~28
Azufre 8-13-15-32-51 ~11
Azul 5-8-34-51-53 ~6
Baboso 8-13-27-38-56 ~26
Babuino 7-10-23-32-41 ~34
Backgamon 3-15-19-28-44 ~24
Báculo 4-18-24-37-54 ~12
Bahía 22-25-28-31-33 ~44
Bailar 3-4-15-23-41 ~4
Baile 16-22-32-42-47 ~22
Bajo 1-2-10-43-47 ~40
Bala 1-6-19-43-54 ~6
Balcón 1-10-11-41-48 ~30
Balde 9-25-27-29-46 ~40
Balido 4-13-14-23-41 ~24
Ballena 9-27-34-54-56 ~25
Ballet 16-24-28-33-49 ~39
Balón 13-32-34-39-50 ~1
Balsa 8-10-20-45-55 ~36
Bancarrota 11-29-38-39-45 ~11
Banco 27-28-34-39-54 ~19
Bandeja 2-38-46-48-52 ~41
Bandera 12-24-25-31-42 ~10
Banquete 8-17-20-33-44 ~12
Bañarse 8-13-39-40-54 ~19
Baño 3-10-22-43-52 ~17
Baquetas 13-22-34-35-54 ~35
Bar 5-35-36-47-53 ~6
Barba 2-13-38-42-55 ~43
Barbas ballena 13-14-35-37-49 ~19
Barbero 7-13-27-29-30 ~7
Barco 4-5-17-27-42 ~24
Barítono 5-25-41-43-52 ~46
Barnizar 7-21-26-53-56 ~27
Barracuda 9-20-38-42-50 ~42
Barrer 6-30-42-46-54 ~44
Barriga 8-10-34-37-38 ~16
Barril 4-13-32-38-52 ~21
Barro 4-16-33-45-54 ~3

Basilisco 4-11-22-25-37 ~9

Basquetbolista 8-21-27-41-47 ~20

Bastidor 2-9-14-34-52 ~27

Bastidores 24-44-50-53-55 ~36

Bastón 4-11-25-33-56 ~6

Bastos 17-22-30-33-49 ~31

Basura 1-17-41-44-48 ~7

Basurero 9-23-32-38-42 ~18

Batalla 9-38-42-44-53 ~33

Bate 17-39-45-49-53 ~13

Bateador 5-13-37-44-54 ~6

Batería (auto) 3-10-32-37-39 ~32

Batería repuesto 4-12-13-32-55 ~23

Bautizo 1-10-27-31-51 ~10

Bazo 4-6-13-22-42 ~17

Bebé 1-28-37-38-47 ~32

Beber 1-8-14-28-42 ~9

Becerro 17-32-41-47-55 ~37

Begonia 6-10-22-25-39 ~19

Belice 3-6-10-11-52 ~3

Bellota 11-17-20-24-48 ~17

Besar 4-15-50-51-52 ~22

Biblia 2-8-23-40-49 ~3

Bicicleta 2-3-31-35-45 ~10

Bigamia 2-11-18-20-51 ~38

Bigote 17-21-26-45-49 ~35

Billar 22-26-44-48-56 ~25

Billete 5-19-20-21-27 ~26

Billón 6-7-9-12-44 ~26

Bísquet 2-10-16-33-40 ~18

Bizco 4-22-25-30-53 ~4

Blanco 6-14-21-22-42 ~7

Blasfemia 2-14-17-19-29 ~44

Blusa 4-29-34-41-56 ~37

Boa 7-10-28-46-55 ~43

Bobina 1-4-16-19-32 ~2

Boca 1-4-14-39-41 ~25

Boda 8-16-19-22-48 ~36

Boiler 1-13-18-24-38 ~1

Boliche 1-10-42-52-56 ~44

Bolivia 10-12-20-28-53 ~44

Bolsillo 5-26-29-32-43 ~23

Bomba agua 4-16-43-53-54 ~26

Bombero 10-22-32-46-53 ~27

Bordado 13-14-17-41-51 ~38

Borla 13-22-37-44-47 ~39

Borracho 8-13-16-44-48 ~8

Bosque 3-12-17-27-54 ~19

Bostezar 19-26-37-44-55 ~16

Botas 13-20-38-45-50 ~46

Bote 11-23-24-34-52 ~20

Botella 14-41-47-53-56 ~16

Botín 7-21-22-29-30 ~44

Botón 9-12-21-38-50 ~35

Botones 1-22-37-41-52 ~3

Bóveda 18-30-40-41-54 ~7

Box 7-14-31-32-47 ~18

Boxeador 16-28-35-43-54 ~46

Bóxers 2-7-35-38-49 ~31

Brasil 2-12-19-27-39 ~8

Brazalete 9-18-19-22-24 ~39

Brazo 6-7-9-14-46 ~18

Brincar 9-13-28-44-53 ~46

Broche 16-22-40-42-44 ~18

Brotar 3-8-42-46-48 ~33

Bruja 1-5-15-23-26 ~39

Bruñir 1-22-28-32-41 ~18

Bucear 18-29-35-37-46 ~28

Buey 20-24-33-39-55 ~3

Búfalo 13-26-39-44-56 ~33

Bufón 6-9-14-30-31 ~35

Búho 5-9-13-38-53 ~36

Buitre 2-27-29-49-55 ~1

Buque guerra 1-7-13-18-56 ~22

Burro 4-34-35-51-54 ~25

Cabalgar 2-9-15-17-48 ~23

Caballerango 13-23-24-29-44 ~13

Caballo de Mar 15-26-40-49-51 ~10

Caballo 6-13-14-16-28 ~35

Cabello 18-23-37-44-48 ~30

Cabeza 6-21-36-37-41 ~3

Cabina 13-15-36-39-49 ~17

Cable 19-21-26-36-47 ~6

Cabra 2-4-11-29-35 ~41

Cacao 14-25-41-48-53 ~29

Cacareo 2-5-13-47-48 ~34

Cacería 2-6-8-27-36 ~9

Cachorro 3-12-22-31-55 ~22

Cadáver 1-10-22-26-43 ~42

Cadena 2-16-21-23-24 ~21

Cadera 9-15-31-33-49 ~22

Café 6-26-34-47-52 ~41

Cafetería 8-10-11-45-51 ~11

Caída 13-15-28-36-48 ~32

Caja fuerte 3-7-19-24-37 ~10

Caja 22-36-42-44-52 ~16

Cajero automático 8-14-15-27-35 ~39

Cajero 6-12-22-51-56 ~36

Cal 1-30-42-46-53 ~40

Calavera 22-25-28-47-56 ~27

Calabozo 1-5-15-17-27 ~40

Calefacción 5-17-20-35-54 ~8

Caleidoscopio 1-4-23-39-43 ~25

Calendario 17-30-36-41-51 ~19

Caléndula 1-4-17-20-48 ~16

Calera 10-17-18-19-21 ~32

California 11-20-22-34-45 ~34

Cáliz 14-18-19-24-35 ~18

Calle 12-33-34-35-50 ~44

Callejón 4-21-22-33-46 ~14

Callo 38-43-52-54-56 ~12

Calma 2-27-39-44-47 ~44

Calor 18-33-35-46-55 ~35

Calumnia 7-9-11-17-45 ~12

Calumniar 3-11-27-29-40 ~43

Calvario 5-13-26-40-52 ~34

Cama 2-13-31-43-52 ~32

Camaleón 12-15-16-28-29 ~45

Cámara 17-21-32-41-47 ~28

Camaradería 6-20-22-35-45 ~24

Camarera 2-15-25-26-52 ~7

Camarón 8-12-13-17-36 ~45

Cambiar 4-8-39-42-56 ~33

Camelia 19-25-27-50-56 ~4

Camello 21-24-32-39-52 ~12

Camilla 3-19-20-22-28 ~18

Caminar 3-17-20-53-55 ~38

Camino 1-9-42-52-54 ~25

Camiseta 3-15-17-39-56 ~42

Campana 6-10-26-41-53 ~9

Campanario 13-21-25-38-51 ~2

Campaña 8-9-24-43-54 ~12

Campeón 13-23-29-36-41 ~25

Campiña 1-8-18-25-56 ~38

Campismo 21-24-37-42-43 ~44

Campo 5-6-26-39-41 ~5

Canal 10-30-32-39-46 ~32

Canario 3-16-17-20-49 ~23

Cáncer 2-26-40-47-50 ~12

Cancha 21-29-45-49-54 ~28

Candado 5-7-8-14-40 ~33

Candelabro 1-3-18-33-50 ~11

Candelero 34-36-37-40-50 ~9

Canela 4-9-25-41-53 ~26

Cangrejo 14-15-32-48-55 ~34

Canguro 9-12-16-37-52 ~12

Canoa 7-10-16-35-50 ~41

Cantar 19-29-33-39-46 ~36

Cantera 1-5-17-32-53 ~35

Cáñamo 3-10-17-19-46 ~30

Cañamón 7-16-34-37-55 ~15

Cañón 3-12-27-51-56 ~32

Capilla 8-13-21-24-37 ~43

Capitán 11-13-24-30-34 ~15

Capricornio 8-9-23-45-52 ~41

Captura 5-27-31-34-41 ~39

Capucha 11-24-29-39-49 ~2

Capullo 7-17-23-48-55 ~46

Cara 8-19-22-38-39 ~36

Caracara 4-11-20-23-38 ~28

Caracol 3-9-21-26-34 ~2

Caracola 17-18-29-33-42 ~45

Carbón 10-20-37-52-53 ~29

Cárcel 17-19-28-47-49 ~24

Cardenal 14-23-26-28-42 ~41

Carga 2-7-13-32-41 ~33

Caridad 19-39-44-46-49 ~4

Carnaval 2-20-24-39-54 ~27

Carne 5-10-26-29-34 ~34

Carnero 5-8-34-40-54 ~17

Carnicero 24-30-53-55-56 ~8

Carolina Norte 1-22-25-28-33 ~36

Carolina del Sur 12-26-35-42-45 ~7

Carpa 10-12-16-18-56 ~10

Carpeta 5-16-23-29-39 ~27

Carpintero 5-7-18-55-56 ~27

Carrera 20-24-38-51-54 ~13

Carreta 7-37-39-44-53 ~37

Carriola 1-2-28-38-42 ~36

Carroza fúnebre 4-12-24-39-43 ~7

Carruaje 6-10-21-50-54 ~19

Carta 2-24-34-43-45 ~17

Carterista 2-10-26-31-55 ~11

Cartero 6-33-37-45-49 ~31

Cartón 12-20-45-49-55 ~23

Cartucho 3-8-9-26-29 ~16

Casa de empeño 3-17-20-32-55 ~45

Casa huéspedes 1-19-32-44-56 ~7

Casa 13-15-46-48-56 ~2

Cascada 15-27-30-35-49 ~11

Casco 21-30-38-46-49 ~7

Casino 9-12-13-27-29 ~25

Castaña 12-17-26-34-44 ~14

Castigo 9-45-49-51-56 ~31

Castillo 14-17-27-33-55 ~46

Castor 9-21-23-30-50 ~42

Catalejos 6-24-34-40-41 ~40

Catecismo 19-21-30-42-53 ~38

Catedral 3-9-16-20-53 ~41

Catre 14-17-27-33-55 ~46

Caucho 4-6-8-13-24 ~44

Cautivo 3-19-22-25-31 ~7

Cava 2-6-11-26-41 ~33

Cavar 9-19-20-21-25 ~31

Cazo 19-33-35-47-56 ~16

Cebolla 11-28-46-51-54 ~37

Cebra 1-24-32-49-51 ~38

Cedazo 1-2-16-22-42 ~22

Cedro 4-6-24-26-35 ~3

Cejas 7-13-14-23-39 ~1

Celibato 3-11-22-48-52 ~20

Celos 10-18-32-36-37 ~46

Celular 36-40-46-48-55 ~18

Cementerio 18-20-30-37-45 ~15

Cemento 1-5-20-21-36 ~39

Cena 7-9-26-32-33 ~24

Ceniza 4-21-39-47-51 ~43

Centauro 4-12-22-23-34 ~3

Centavo 14-15-23-35-48 ~12

Centeno 24-26-33-43-52 ~42

Centinela 10-14-22-23-46 ~16

Cepillar caballo 4-25-28-29-56 ~3

Cerbero 12-14-19-41-53 ~43

Cerca 7-43-49-50-54 ~44

Cerdo 14-18-36-49-51 ~17

Cerebro 6-23-42-46-48 ~44

Cereza 10-26-48-54-56 ~11

Cerilla 10-27-30-32-38 ~16

Cero 7-19-29-41-51 ~24

Cerradura 8-22-31-34-51 ~15

Cervatillo 29-34-40-44-46 ~21

Cervecería 2-7-24-51-54 ~10

Cerveza 13-18-25-26-44 ~28

Césped 4-21-31-40-44 ~16

Cetro 23-38-43-50-56 ~1

Chal 3-11-15-18-44 ~44

Champú 13-19-25-33-50 ~32

Chancho 4-27-29-37-55 ~44

Chango 14-15-26-31-53 ~37

Chapear 10-19-31-38-49 ~13

Charca 15-17-32-33-55 ~27

Charretera 32-35-42-47-53 ~14

Cheque 12-21-22-38-51 ~41

Chicharra 18-21-33-47-51 ~18

Chile (comer) 1-9-11-21-40 ~33

Chile (país) 16-20-26-37-41 ~13

Chillar 5-14-21-30-39 ~17

Chimenea 20-22-29-44-52 ~24

Chimpancé 8-26-36-38-39 ~2

China 1-12-13-31-41 ~14

Chinche 3-9-20-31-43 ~8

Chismorreo 3-32-33-46-51 ~10

Chita 8-19-21-39-56 ~25

Chochín 19-32-36-40-42 ~29

Chocolate 2-21-22-29-35 ~7

Choque 21-27-31-36-47 ~30

Choza 6-22-32-43-49 ~5

Ciego 1-4-6-14-36 ~46

Cielo 16-28-45-48-51 ~40

Ciempiés 4-5-26-51-55 ~36

Cien 14-20-26-30-35 ~10

Ciénaga 3-27-31-48-50 ~13

Ciervo 6-10-36-37-39 ~22

Cifras 12-39-47-48-55 ~44

Cigüeña 25-39-41-43-48 ~10

Cinco 14-20-26-40-44 ~5

Cinta 2-7-11-23-44 ~9

Cintura 6-12-14-23-33 ~3

Cinturón 16-24-47-51-53 ~10

Circulo 1-30-37-40-47 ~14

Ciruela 8-12-30-47-49 ~4

Cisne 25-31-41-50-55 ~8

Cisterna 1-6-14-25-54 ~14

Ciudad 14-19-28-31-38 ~15

Clarinete 2-21-38-43-47 ~37

Clarividencia 19-32-38-45-56 ~34

Claustro 3-8-44-45-53 ~27

Clave 22-39-40-48-53 ~24

Clavo 12-13-42-47-51 ~4

Clérigo 6-13-44-51-55 ~43

Clipperton 20-25-28-45-49 ~18

Closet 1-19-32-38-45 ~25

Club 8-15-19-25-44 ~12

Cobra 8-18-24-43-47 ~28

Cobrador 9-19-33-36-51 ~29

Cobre 2-10-12-15-54 ~4

Cocina 34-36-39-44-45 ~26

Cocinar 2-21-35-46-50 ~7

Coco 4-16-20-27-48 ~1

Cocodrilo 13-22-27-49-52 ~44

Coctel 10-16-28-54-56 ~12

Codo 7-32-34-37-42 ~29

Codorniz 25-31-38-46-48 ~39

Cofre de auto 6-17-18-29-32 ~16

Cofre 23-24-28-40-41 ~16

Cohete 5-15-39-52-56 ~2

Cojera 4-5-16-33-41 ~39

Cojín 3-17-32-36-47 ~30

Cojo 2-12-21-52-53 ~4

Col 5-13-15-19-24 ~46

Cola o rabo 5-11-41-42-51 ~36

Colchón 2-4-8-49-53 ~30

Cólera 28-42-48-51-52 ~23

Colibrí 12-16-21-28-35 ~45

Coliflor 7-8-22-46-51 ~6

Colina 9-11-22-24-37 ~12

Colinabo 3-21-28-29-33 ~46

Collar 5-6-9-13-22 ~12

Colombia 2-18-20-23-32 ~9

Colorado 36-42-51-55-56 ~20

Colorete 8-25-44-48-54 ~41

Comadre 10-15-32-38-54 ~38

Comadreja 17-19-32-46-51 ~11

Comando 6-21-30-44-53 ~21

Combate 10-18-24-28-31 ~26

Comedia 6-12-24-29-53 ~17

Comer 12-26-37-44-52 ~46

Comerciar 2-14-15-19-39 ~39

Comercio 5-11-16-35-36 ~37

Cometa 4-14-31-33-54 ~13

Comezón 7-11-14-17-31 ~30

Comida 7-17-31-51-53 ~33

Comité 8-43-52-55-56 ~31

Cómoda 1-8-27-36-44 ~19

Compañero 8-33-36-49-52 ~28

Compás 13-14-16-41-55 ~43

Competencia 8-12-21-32-55 ~46

Compositor 1-3-4-12-34 ~34

Compostura 9-11-14-21-36 ~14

Compra 6-13-32-49-54 ~23

Computadora 19-37-44-45-48 ~11

Concierto 6-10-29-34-37 ~40

Concubinato 13-17-18-35-51 ~45

Condena 6-9-18-39-54 ~19

Condimento 3-18-24-31-42 ~8

Cóndor 10-26-35-38-45 ~5

Conejo 10-15-22-35-53 ~26

Confeti 5-19-24-27-41 ~23

Confiar 6-8-33-35-39 ~26

Confitería 17-29-34-48-55 ~17

Confusión 6-13-19-27-56 ~41

Conjuro 4-6-24-43-51 ~43

Connecticut 2-4-7-13-29 ~40

Consejo 14-19-25-30-43 ~6

Conserje 27-36-40-54-56 ~10

Conspiración 15-32-35-38-45 ~7

Consumo 3-17-19-48-50 ~16

Contabilidad 8-16-19-32-49 ~41

Contrincante 1-2-4-23-27 ~6

Control remoto 1-20-27-41-56 ~41

Convencer 2-24-26-28-47 ~3

Convención 21-37-42-45-51 ~12

Convento 16-33-46-48-51 ~23

Conversar 4-13-16-31-55 ~1

Copas 2-3-31-51-55 ~31

Copiar 5-9-24-26-52 ~2

Coral 15-20-26-50-55 ~40

Corazón 5-23-30-38-42 ~20

Corcho 32-45-46-47-52 ~7

Cordero 23-30-43-45-54 ~3

Corneja 12-27-41-48-56 ~29

Corneta 8-9-22-28-54 ~46

Coro 9-21-34-40-51 ~44

Corona 10-22-26-43-56 ~42

Coronación 18-39-40-42-51 ~17

Coronel 10-13-22-23-39 ~39

Correcaminos 16-47-48-54-55 ~31

Correo 5-15-26-36-40 ~5

Correr 45-46-49-53-56 ~45

Corsario 8-13-24-29-30 ~24

Corsé 10-15-38-50-53 ~31

Corte 9-10-22-48-50 ~4

Cortejo 4-25-30-42-43 ~8

Corteza 7-17-32-33-55 ~42

Cosecha 24-31-36-38-48 ~40

Cosquilla 2-10-42-48-54 ~1

Costa Rica 1-4-17-23-43 ~33

Costado 11-28-45-50-53 ~4

Costilla 7-12-26-41-55 ~26

Costura 20-44-48-49-51 ~45

Costurera 11-32-35-44-50 ~22

Coyote 10-18-21-32-52 ~1

Cráneo 6-10-11-15-25 ~17

Crédito 9-16-28-32-54 ~24

Crema 7-28-39-43-45 ~34

Cremación 5-13-42-52-55 ~7

Crepúsculo 5-18-23-26-54 ~17

Crespón 33-40-43-46-50 ~42

Crimen 8-16-18-21-27 ~35

Criminal 1-13-33-43-45 ~17

Crisantemo 18-22-26-28-32 ~23

Cristal 26-30-31-48-52 ~42

Cristo 6-12-17-25-35 ~24

Croquet 1-19-27-34-49 ~9

Crucero 11-13-22-26-55 ~44

Crucifijo 7-12-19-25-50 ~14

Crucifixión 16-22-25-38-46 ~42

Crueldad 14-24-30-42-49 ~43

Cruz 1-13-15-21-30 ~40

Cuarentena 13-14-23-34-40 ~25

Cuarteto 10-28-29-50-55 ~41

Cuarto 7-13-15-17-56 ~32

Cuate 5-19-21-28-43 ~30

Cuatro 4-25-44-46-51 ~45

Cuba 21-32-39-44-46 ~12

Cubierta 24-29-39-46-48 ~41

Cucaracha 4-11-24-28-39 ~33

Cuchara 10-25-38-41-52 ~31

Cuchichear 2-7-9-19-40 ~3

Cuchillo 3-25-27-49-51 ~6

Cuco 2-11-20-36-42 ~43

Cucú 2-5-6-13-31 ~15

Cuello 6-23-34-35-42 ~6

Cuenta 2-7-40-42-51 ~8

Cuerda 19-27-36-47-53 ~35

Cuernos 9-22-32-37-48 ~12

Cuero cabelludo 30-37-45-50-51 ~36

Cuervo 5-16-17-33-51 ~3

Cuidar 12-18-21-44-53 ~41

Culebra 6-22-47-50-56 ~27

Cumpleaños 1-7-31-39-43 ~28

Cuna 19-33-41-43-53 ~31

Curandero 4-6-9-21-39 ~2

Curar 10-13-29-35-56 ~35

Curruca 4-24-27-42-54 ~25

Curtir piel 26-33-34-41-51 ~23

Cutis 12-35-45-52-53 ~5

Dado 5-9-15-33-47 ~8

Daga 22-24-28-38-46 ~17

Dakota del Norte 18-28-38-49-52 ~10

Dakota del Sur 26-28-41-46-51 ~22

Dalia 2-6-29-51-52 ~28

Danza 15-32-35-38-45 ~7

Dañar 12-34-41-42-44 ~16

Daño 9-20-33-35-55 ~41

Dar la mano 13-34-38-53-56 ~17

Dátil 5-6-11-33-39 ~18

Debilidad 9-23-25-43-48 ~15

Decapitación 4-35-36-38-42 ~30

Decoración 12-28-29-33-48 ~14

Dedal 19-25-39-43-51 ~29

Dedo 19-39-40-54-56 ~26

Delantal 6-28-45-48-56 ~3

Delaware 5-17-19-29-41 ~10

Deleite 6-11-26-33-38 ~25

Delfín 3-23-39-50-55 ~25

Demanda 7-12-15-39-55 ~14

Demencia 1-6-15-44-52 ~27

Demonio Tasmania 6-15-38-42-56~37

Demora 31-32-41-42-50 ~29

Dentista 6-17-28-46-56 ~42

Derrumbe 6-9-14-15-39 ~34

Desafiar 22-39-45-48-49 ~6

Desarmador 1-33-34-46-50 ~6

Desastre 5-13-35-36-48 ~7

Desayuno 3-5-31-40-50 ~8

Descalzo/a 7-26-36-49-53 ~36

Desconocido 9-17-39-45-46 ~32

Desdentado 16-29-34-48-55 ~28

Desesperación 3-26-30-46-50 ~27

Desgastamiento 5-9-17-25-55 ~43

Desheredar 5-16-41-45-48 ~5

Deshielo 1-39-40-50-51 ~27

Deshonra 5-16-31-38-46 ~31

Desierto 11-13-18-27-56 ~20

Desmayo 7-27-29-42-52 ~17

Desnudez 2-3-20-21-52 ~3

Despedida 27-32-34-41-56 ~19

Desperdicio 2-3-24-35-38 ~7

Despertar 26-37-42-50-55 ~17

Desprecio 19-33-38-40-43 ~36

Destierro 4-20-27-35-43 ~40

Destilar 17-18-22-42-52 ~12

Desván 1-21-36-40-41 ~3

Desvestirse 1-8-9-10-48 ~15

Detective 6-17-42-50-56 ~19

Detonador 9-15-17-23-32 ~30

Deuda 3-16-45-48-51 ~39

Devoción 6-36-38-39-56 ~12

Día libre 12-25-46-47-50 ~46

Día 12-21-41-53-54 ~11

Diablo 4-14-22-38-56 ~?

Diadema 9-40-49-50-55 ~41

Diamante 2-20-38-54-55 ~43

Diapasón 8-15-26-39-48 ~6

Diccionario 5-11-27-35-56 ~14

Diciembre 10-24-37-38-41 ~28

Diez 7-23-49-50-54 ~16

Dificultades 17-24-25-26-33 ~30

Dinamita 3-29-45-51-53 ~3

Dínamo 7-25-27-48-52 ~39

Dinero falso 4-9-14-47-55 ~8

Dinero 6-25-28-32-35 ~44

Dios:	1, 3, 21, 27, 28	Nota:
	1, 25, 28, 32, 43	Use el número
	1, 3, 4, 48, 52	de su
	1, 6, 33, 49, 55	nombre
	1, 8, 24, 51, 54	como
	1, 20, 23, 31, 39	número mega
	1, 13, 14, 16, 51	

Dique 4-23-34-41-54 ~44

Discusión 47-49-50-52-54 ~2

Disparar 1-11-20-23-48 ~41

Distancia 13-22-29-34-38 ~27

Distrito Columbia 4-35-38-41-50 ~26

Divorcio 25-31-50-52-55 ~28

Doctor 25-28-29-38-51 ~25

Documento legal 1-4-21-23-42 ~43

Dogal 16-19-26-37-47 ~23

Dólar 15-41-46-50-56 ~18

Dolor 19-38-51-52-56 ~26

Domingo 5-9-14-19-34 ~33

Domo 5-25-43-48-54 ~10

Dormir 5-24-42-47-54 ~32

Dos 13-20-36-37-45 ~32

Dote 14-20-25-39-50 ~8

Dragón marino 4-20-27-44-54 ~24
Dragón 2-18-20-46-47 ~7
Drama 4-22-47-50-55 ~38
Dromedario 12-20-23-33-55 ~37
Dueto 2-32-44-47-49 ~11
Dulce 1-32-40-46-52 ~34
Dulcería 3-29-45-51-53 ~3
Durazno 7-25-27-48-52 ~39
Ébano 4-9-14-47-55 ~8
Eclipse 6-25-28-32-35 ~44
Eco 4-23-34-41-54 ~44
Ecuador 10-12-27-32-46 ~13
Edad 47-49-50-52-54 ~2
Edificio 1-19-20-40-51 ~28
Editor 13-22-29-34-38 ~27
Edredón 1-11-20-23-48 ~41
Educación 25-31-50-52-55 ~28
Ejecución 25-28-29-38-51 ~25
El Salvador 13-28-34-35-42 ~5
Elección 16-19-26-37-47 ~23
Electricidad 19-38-51-52-56 ~26
Elefante 5-25-43-48-54 ~10
Elevador 5-24-42-47-54 ~32
Elixir de la vida 14-20-25-39-50 ~8
Elocuencia 2-18-20-46-47 ~7
Embalsamar 4-22-47-50-55 ~38
Embarazo 12-20-23-33-55 ~37
Emboscada 2-32-44-47-49 ~11
Empalizada 1-32-40-46-52 ~34
Emparedar 16-19-23-41-48 ~18
Emperador 13-19-40-44-46 ~40
Emperatriz 18-31-38-55-56 ~39
Emplasto 2-11-26-30-41 ~32
Empleado 9-10-17-32-40 ~3
Empleo 4-5-36-43-52 ~28
Emú 5-18-39-47-56 ~36
Enaguas 32-38-45-46-56 ~41
Enano 3-13-19-29-31 ~32
Encaje 19-21-23-35-56 ~3
Encantamiento 5-28-40-54-55 ~36
Encerar 10-25-29-51-52 ~42
Enciclopedia 17-20-21-35-50 ~39
Enemistad 11-16-32-33-54 ~28

Enero 5-14-33-35-54 ~8
Enfermedad 5-8-15-20-33 ~28
Enfermera 8-14-23-45-52 ~13
Enfermería 9-38-41-47-49 ~30
Engañar 12-28-32-38-52 ~2
Enroscar 13-16-24-29-40 ~2
Ensalada 7-27-41-43-50 ~14
Entierro 11-14-19-22-48 ~15
Entrañas 11-16-35-38-42 ~15
Entrenador 15-29-40-47-51 ~17
Entretela 2-21-31-39-45 ~16
Entretenimiento 6-13-25-28-47 ~4
Entumecimiento 1-9-18-26-46 ~28
Envidia 5-23-35-42-44 ~6
Epidemia 14-22-29-31-51 ~8
Equipaje 6-26-42-48-53 ~9
Ermita 15-23-44-47-54 ~23
Ermitaño 1-3-13-21-24 ~3
Escabeche 5-22-23-45-53 ~38
Escalar 11-13-27-46-49 ~16
Escaldar 2-18-41-44-49 ~41
Escalera 23-40-41-52-54 ~25
Escalofrío 8-18-21-45-50 ~3
Escalón 1-26-34-44-54 ~43
Escándalo 1-11-20-45-56 ~27
Escapar 7-11-35-40-55 ~7
Escarabajo 4-10-18-34-54 ~26
Escarbar 4-15-24-34-37 ~35
Escasez 1-15-32-38-42 ~25
Esclusa 3-6-19-46-52 ~19
Escopeta 1-22-40-47-50 ~30
Escoria 23-27-34-44-46 ~12
Escorpión 2-6-21-22-25 ~20
Escribir a mano 10-35-40-48-54 ~46
Escribir 5-18-37-43-56 ~17
Escritorio 17-18-26-34-35 ~43
Escudo 4-5-32-42-52 ~3
Escuela 19-21-33-41-46 ~10
Escultor 1-5-16-19-50 ~33
Escultura 7-9-10-18-35 ~30
Escupidera 9-17-23-28-35 ~3
Escupir 22-27-40-43-45 ~29
Esfinge 1-5-24-27-47 ~16

Esmeralda 8-16-24-49-54 ~30
Espadas 35-40-52-53-54 ~37
Espalda 15-23-32-50-55 ~4
España 9-29-45-54-56 ~36
Espárrago 10-11-14-33-39 ~40
Espectáculo 3-20-21-24-39 ~26
Espejo 2-8-17-27-47 ~41
Espejuelos 29-30-31-42-54 ~36
Espía 6-11-13-15-33 ~19
Espigado 14-21-27-34-38 ~4
Espíritu 5-13-37-41-44 ~39
Esplendor 6-12-23-38-55 ~37
Esponja 4-9-15-41-54 ~8
Esposa 16-36-37-38-55 ~46
Esposo 22-41-51-52-54 ~14
Espuela 4-7-13-41-53 ~43
Espuma 15-17-31-49-55 ~3
Esqueleto 13-28-33-39-53 ~32
Esquina 23-26-48-54-55 ~9
Estado 4-6-39-49-53 ~19
Estados Unidos 5-19-32-37-56 ~13
Estalagmita 1-13-34-35-37 ~34
Estallido 4-26-29-33-56 ~45
Estandarte 8-14-27-33-40 ~9
Estatua 10-16-28-44-51 ~23
Estetoscopio 11-16-20-24-36 ~3
Estilista 5-24-30-34-35 ~42
Estornino 4-21-23-31-35 ~8
Estornudar 6-43-45-50-51 ~40
Estrella de cine 2-3-18-21-46 ~41
Estrella de Mar 3-15-28-46-54 ~38
Estrella 4-8-17-40-56 ~3
Estuche 20-27-38-40-49 ~6
Etiquetar 17-21-30-36-52 ~3
Europa 5-16-17-24-46 ~43
Eva 1-10-20-36-39 ~35
Excremento 10-17-18-23-28 ~13
Exilio 6-11-42-45-51 ~38
Explosión 9-20-26-41-49 ~30
Éxtasis 6-9-10-30-33 ~38
Extranjero 2-5-8-20-39 ~20
Extranjero 8-15-26-45-47 ~28
Fábula 3-8-50-51-55 ~12

Fagot 20-27-42-45-50 ~7
Faisán 1-16-25-48-56 ~16
Faja 13-17-26-33-46 ~42
Falcón 10-11-15-31-41 ~34
Fallo 4-22-45-55-56 ~2
Fama 10-21-24-38-40 ~14
Familia 9-19-28-31-45 ~13
Famosos 1-5-9-31-43 ~4
Fanático 2-20-24-40-55 ~27
Fantasma 3-14-16-32-48 ~15
Faquir 15-20-22-50-51 ~8
Faro 3-19-26-34-47 ~44
Farol 11-17-30-34-43 ~46
Fatiga 2-7-11-45-55 ~31
Favor 16-40-41-52-54 ~36
Fax 4-6-42-43-54 ~10
Fealdad 7-11-14-19-21 ~30
Febrero 14-31-33-35-50 ~33
Felicidad 1-10-12-15-24 ~6
Féretro 4-12-44-46-49 ~40
Ferrocarril 28-32-38-43-44 ~39
Ferry 6-15-34-49-54 ~15
Festejos 14-32-34-41-45 ~7
Festival 5-29-32-38-46 ~27
Fiador 34-38-45-49-53 ~25
Fianza 2-6-12-21-40 ~44
Fideos 1-4-13-26-51 ~14
Fiebre escarlata 6-20-42-44-52 ~28
Fiebre 4-10-14-16-27 ~3
Fiera 3-8-24-25-51 ~12
Fiesta 26-31-37-50-55 ~38
Figura irreal 5-18-28-48-52 ~33
Fila 4-23-30-41-53 ~41
Filtro solar 6-11-14-20-29 ~26
Firmamento 11-18-20-24-32 ~29
Fiscal 14-21-29-32-53 ~26
Físico 9-34-40-47-52 ~39
Flama 10-16-19-39-46 ~29
Flamenco 1-10-17-37-46 ~37
Flan 5-47-51-52-53 ~30
Flauta 4-6-16-33-38 ~32
Flecha 10-35-38-42-53 ~28
Flor en el ojal 2-11-20-24-50 ~33

Flores 1-3-36-40-49 ~44

Florida 11-14-32-41-55 ~25

Floripondio 2-3-13-42-53 ~13

Flota 12-32-44-49-50 ~7

Flotar 16-30-41-49-54 ~31

Foca 1-8-16-24-47 ~18

Foca 22-33-40-43-47 ~26

Forcejear 23-36-37-51-56 ~5

Forma 6-7-21-23-55 ~34

Fortaleza 2-15-17-46-53 ~24

Fosa común 24-39-44-51-55 ~35

Fósforo 8-10-18-20-30 ~4

Fotografía 6-37-38-49-56 ~17

Fractura 1-7-9-21-56 ~25

Frambuesa 3-7-20-21-26 ~6

Fraude 3-4-6-18-28 ~16

Frazada 11-23-41-46-51 ~40

Frente 11-18-21-26-47 ~22

Fresa 6-17-25-32-33 ~33

Frijoles 10-25-32-45-48 ~12

Frío 3-6-20-23-32 ~42

Fruta 2-6-17-28-54 ~18

Frutero 4-43-45-47-55 ~14

Fuego 21-30-36-46-50 ~27

Fuente de sodas 5-26-35-36-42 ~1

Fuente 12-32-39-44-45 ~22

Fuerte 16-29-30-33-51 ~16

Fuerza 2-3-6-17-30 ~29

Fumar 3-17-18-23-42 ~36

Funda 27-28-33-47-52 ~9

Funeral 10-14-26-31-37 ~40

Futuro 10-16-36-37-46 ~42

Gabardina 22-28-34-39-49 ~38

Gacela 19-32-44-52-56 ~23

Gaitero 5-11-21-23-28 ~16

Galería 4-15-16-23-51 ~23

Galgo 15-24-27-30-52 ~37

Gallina 7-25-26-32-33 ~11

Gallo 6-26-41-54-56 ~38

Ganado 27-34-37-47-54 ~29

Ganancia 1-5-20-26-48 ~6

Gancho 2-29-35-50-51 ~5

Gangrena 1-23-27-38-47 ~29

Ganso 1-10-20-35-52 ~27

Garañón 3-22-29-38-43 ~6

Garganta 7-13-18-20-54 ~29

Gargantilla 22-26-30-46-53 ~43

Gárgola 12-39-41-43-56 ~34

Garrapata 13-26-43-50-53 ~18

Garrote 7-29-42-49-50 ~43

Gas 4-31-39-42-48 ~1

Gasa 17-19-34-36-55 ~12

Gaseosa 23-29-41-50-53 ~31

Gasolina 1-4-5-8-27 ~14

Gato montés 10-12-46-50-53 ~31

Gato 6-19-26-34-44 ~34

Gaviota 35-42-45-49-54 ~23

Gema 5-9-13-32-35 ~11

Gemelos 3-31-37-46-51 ~26

Gemidos 9-20-47-54-55 ~19

Géminis 3-16-21-36-43 ~2

Gente 7-23-33-38-52 ~18

Geografía 8-25-38-40-54 ~26

Georgia 37-38-39-46-49 ~11

Giga 4-9-13-26-30 ~32

Gigante 19-23-25-44-52 ~30

Gimnasta 15-25-35-51-53 ~1

Girasol 6-8-39-44-45 ~18

Gitano 27-34-39-42-47 ~4

Globo 14-16-26-29-33 ~3

Glotón 10-27-36-40-41 ~6

Gol 2-14-25-30-51 ~15

Golf 11-42-43-44-45 ~17

Golpe 9-14-22-34-39 ~15

Gong 2-13-19-24-52 ~17

Gordura 3-11-18-40-42 ~43

Gorgojo 18-22-33-46-47 ~46

Gorila 4-11-19-27-50 ~24

Gorra 7-21-22-33-43 ~45

Gorrión 9-27-32-35-44 ~44

Gorrones 12-13-16-22-27 ~23

Gota 2-12-16-42-52 ~24

Gotear 6-9-14-48-52 ~11

Gozo 29-30-37-51-56 ~44

Grafito 7-15-17-26-29 ~34

Gramática 1-6-43-51-54 ~6

Granada 3-13-17-25-53 ~27

Granizo 11-19-32-39-53 ~43

Granja 20-24-26-34-44 ~5

Granos 1-24-42-52-55 ~8

Grasa 12-15-21-30-46 ~33

Grava 2-8-11-36-39 ~36

Gravy (salsa) 12-18-28-36-40 ~3

Griego 8-31-35-37-47 ~5

Grifo (agua) 6-34-35-44-50 ~17

Grifo (animal mítico) 29-41-44-45-54 ~1

Grillo 1-3-6-32-37 ~39

Gripa 3-5-14-41-46 ~20

Grosella 6-8-12-13-54 ~34

Grúa 2-5-35-49-52 ~25

Grulla 13-18-21-38-43 ~46

Gruta 2-20-24-29-56 ~33

Guacamayo 30-45-47-49-50 ~26

Guadalupe 12-17-27-41-54 ~42

Guadaña 22-46-48-52-54 ~42

Guanaco 7-22-30-39-41 ~19

Guantes 3-8-20-36-51 ~44

Guapura 12-13-18-33-38 ~12

Guarda faro 17-30-32-33-55 ~33

Guardarropa 28-34-35-39-47 ~19

Guardián 3-13-20-22-27 ~12

Guarnición 16-29-33-49-54 ~11

Guatemala 1-3-10-16-28 ~32

Guayana Francesa 5-11-13-47-52 ~38

Guerra 7-18-19-35-47 ~33

Guitarra 13-26-36-38-48 ~24

Gusano 3-5-15-50-56 ~15

Hacha 1-10-17-27-44 ~12

Hada Madrina 10-21-23-27-32 ~6

Haití 9-16-32-37-38 ~16

Halcón nocturno 3-9-11-20-47 ~27

Halcón 8-13-16-44-53 ~21

Hambre 1-9-38-53-54 ~13

Hambruna 3-30-32-36-39 ~36

Hámster 4-7-16-25-34 ~15

Harén 5-12-19-53-55 ~13

Harina 5-10-14-31-48 ~32

Hawaii 7-9-22-28-30 ~40

Hechicero/a 10-33-36-46-55 ~45

Helada 1-2-36-45-51 ~40

Helado 17-20-21-23-53 ~3

Helecho 2-37-40-41-52 ~6

Helicóptero 4-11-41-50-55 ~3

Heno 12-23-36-39-48 ~28

Herencia 5-10-14-49-50 ~2

Herida 2-11-13-18-54 ~1

Hermanastra 8-19-24-31-54 ~36

Hermanastro 12-15-32-36-56 ~36

Herón 14-16-24-39-53 ~4

Herradura 10-40-43-48-51 ~7

Herrumbre 3-15-36-44-51 ~31

Hiedra 1-7-15-29-49 ~14

Hielo 8-14-18-32-45 ~12

Hiena 4-12-18-20-37 ~17

Hierro 11-20-23-41-49 ~6

Hígado 21-35-36-40-48 ~35

Higo 1-11-14-49-56 ~9

Hijo 19-28-36-40-47 ~42

Hijo 4-7-41-42-55 ~19

Hilandera 5-9-21-31-53 ~24

Hilaza 4-7-23-39-49 ~23

Hilo 7-17-21-24-38 ~31

Himno 1-19-28-32-48 ~30

Hinchazón 13-21-35-42-54 ~16

Hipnosis 21-29-39-43-46 ~12

Hipocresía 1-13-16-39-48 ~28

Hipopótamo 16-18-19-26-31 ~26

Hipoteca 1-29-37-46-50 ~35

Hisopo 20-31-38-49-54 ~27

Historia 2-5-22-23-45 ~13

Hogar 1-9-26-37-39 ~37

Hoja 1-4-15-38-51 ~37

Hombre 4-21-34-40-52 ~9

Hombro 7-15-38-41-48 ~20

Homicidio 4-5-19-29-30 ~36

Honduras 12-13-24-28-42 ~42

Hongo 8-16-27-30-31 ~10

Horca 6-12-19-30-46 ~38

Hormiga 3-19-24-51-56 ~39

Hornear 7-12-35-37-42 ~5

Horno 11-20-21-23-31 ~42

Horóscopo 13-18-29-32-43 ~22
Hospital 5-26-29-35-48 ~19
Hostia 23-24-30-42-53 ~21
Hotel 12-32-33-38-50 ~10
Hoyo 14-17-23-37-44 ~37
Huérfano/a 6-17-30-31-43 ~28
Huerta 1-18-24-45-51 ~11
Hueso 4-14-18-26-31 ~4
Huésped 6-16-22-31-40 ~9
Huevo 25-30-33-38-55 ~29
Huída 6-36-37-41-45 ~2
Humedad 22-24-26-40-43 ~29
Humillación 1-8-25-44-46 ~19
Huracán 6-7-16-22-32 ~22
Hurgón 4-16-17-28-46 ~28
Iceberg 6-7-15-25-46 ~16
Idaho 4-7-12-32-50 ~34
Idiota 1-12-13-31-51 ~15
Ídolo 2-14-32-44-54 ~21
Iglesia 12-28-32-39-40 ~10
Illinois 9-31-32-41-42 ~45
Iluminación 4-6-10-11-28 ~41
Imagen 27-38-39-41-43 ~9
Imán 11-18-23-30-37 ~20
Imitación 11-39-42-48-49 ~20
Implementos 7-15-17-29-54 ~28
Imprenta 4-12-15-38-41 ~39
Impresora 5-18-37-44-52 ~4
Impuestos 21-28-41-54-55 ~42
Inauguración 12-19-37-44-55 ~17
Incendio 1-23-29-30-35 ~27
Incesto 5-11-17-29-45 ~34
Incoherencia 24-30-32-51-52 ~21
Incomodar 2-5-11-25-42 ~29
Incremento 9-30-35-53-54 ~2
Independencia 10-17-29-36-37 ~16
Indiana 37-38-39-54-55 ~35
Indiferencia 22-24-33-35-51 ~30
Indigente 4-9-12-40-45 ~30
Indigestión 6-9-19-42-47 ~17
Indulgencia 1-16-24-26-49 ~15
Indultar 10-33-37-50-54 ~15
Industria 19-26-31-41-47 ~4

Infante 16-20-27-31-36 ~43
Infidelidad 17-21-35-40-54 ~17
Infierno 29-33-47-50-53 ~3
Inflexibilidad 8-17-29-35-53 ~28
Influencia 7-24-43-49-55 ~37
Infortunio 7-25-26-35-36 ~22
Ingeniero 4-8-25-44-48 ~18
Ingreso 11-12-22-40-54 ~39
Inodoro 3-12-29-41-55 ~13
Inquietud 4-6-14-19-46 ~3
Inquilino(s) 3-15-30-48-52 ~4
Inquisición 19-20-23-24-51 ~46
Inscripción 25-35-39-47-54 ~3
Insolvencia 3-18-21-23-41 ~1
Instrumental quirúrgico
3-12-37-47-51 ~16
Instrumentos musicales
14-29-40-42-47 ~15
Interceder 10-21-24-51-54 ~10
Intérprete 14-17-33-35-39 ~25
Intestinos 6-8-11-21-32 ~3
Intoxicación 8-14-26-37-43 ~7
Inundación 7-12-32-44-54 ~34
Inválido 2-21-22-43-53 ~34
Inventor 16-28-38-48-52 ~44
Invierno 5-19-31-33-52 ~11
Invitar 4-8-14-43-45 ~19
Iowa 12-16-28-30-34 ~5
Ipod 6-8-12-33-47 ~33
Ira 10-19-43-49-51 ~42
Iris 1-11-14-40-47 ~34
Isla 3-9-13-38-53 ~30
Jabalí 7-15-17-18-21 ~1
Jabalina 5-21-22-30-45 ~41
Jabón 14-19-28-37-54 ~21
Jacal 15-30-32-34-49 ~26
Jacaranda 12-13-32-51-53 ~44
Jacinto 15-29-32-37-47 ~3
Jaguar 9-11-24-44-54 ~30
Jalea 6-9-13-16-17 ~5
Jamón 1-9-26-44-46 ~23
Jardín 37-44-49-53-55 ~5
Jarra 5-19-27-32-40 ~24

Jaspe 5-9-13-24-47 ~25
Jazmín 18-27-36-43-51 ~33
Jerbo 7-34-36-42-50 ~14
Jeringa 18-22-32-44-56 ~5
Jeroglíficos 2-12-23-30-39 ~29
Jibia 3-20-31-45-50 ~28
Jilguero 5-27-30-38-51 ~28
Jirafa 9-10-27-45-51 ~42
Jockey 1-15-21-22-52 ~32
Joroba 1-8-24-34-54 ~1
Jorobado 3-5-7-20-49 ~11
Joyas 1-19-32-38-51 ~33
Jubileo 17-22-36-44-53 ~46
Jueves 1-20-27-39-53 ~24
Juez 16-17-22-42-47 ~15
Juguetes 4-26-46-52-53 ~31
Juicio final 11-12-17-31-33 ~12
Juicio 10-22-48-50-53 ~18
Julio 7-19-20-29-38 ~32
Junco 11-13-41-45-50 ~7
Junio 1-2-20-39-52 ~33
Jurado 19-26-31-37-43 ~2
Juramento 12-22-34-38-45 ~31
Jurar 1-3-7-43-56 ~4
Justicia 7-11-33-39-41 ~26
Juventud 11-17-23-24-36 ~8
Kansas 6-19-43-55-56 ~7
Kentucky 4-19-41-44-55 ~43
Koala 5-20-26-27-50 ~4
Krishna 5-12-27-34-42 ~20
Laberinto 5-7-18-25-27 ~9
Labios 9-11-21-43-50 ~15
Laboratorio 9-24-38-40-56 ~1
Ladrillo 24-34-38-46-50 ~38
Ladrón 23-26-32-34-55 ~45
Lagartija 23-32-39-52-56 ~41
Lagarto 16-26-45-47-48 ~16
Lago 2-11-31-36-49 ~42
Lágrimas 4-5-13-36-53 ~31
Laguna 7-13-17-18-27 ~7
Lamentos 6-18-31-39-40 ~31
Lámina 5-7-13-46-54 ~32
Lámpara 18-23-51-53-56 ~12

Lana 3-9-45-50-55 ~25
Langosta 2-9-30-46-48 ~46
Langostino 1-5-18-31-55 ~44
Lanza 7-29-31-41-42 ~33
Lápiz 6-12-13-17-43 ~42
Latín 2-6-16-33-46 ~26
Latón 9-14-34-38-49 ~22
Laúd 1-30-35-37-38 ~18
Láudano 9-15-16-51-54 ~46
Laurel 16-27-36-40-41 ~40
Lavadero 11-25-54-55-56 ~40
Lavadora 8-20-31-41-46 ~9
Lavandera 2-20-23-47-49 ~12
Lavandería 8-11-26-32-34 ~7
Lavar 17-23-37-52-53 ~12
Leche 12-20-21-23-35 ~23
Lechería 2-13-28-32-42 ~11
Lechuga 5-22-35-37-41 ~16
Lechuza 16-19-27-47-51 ~28
Leer 1-6-11-13-49 ~13
Legado 7-26-27-28-46 ~41
Legislatura 10-17-29-35-36 ~40
Lejía 10-36-39-48-55 ~1
Lémur 9-21-25-28-31 ~20
Lengua 21-22-29-35-41 ~13
Lentejas 7-23-30-31-32 ~23
Lentes 24-25-28-38-39 ~23
Leo 11-40-48-49-51 ~23
León marino 10-31-36-45-50 ~20
León 2-7-10-45-50 ~7
Leopardo 29-35-38-43-47 ~39
Lepra 1-7-13-23-48 ~28
Leyes 7-31-39-40-54 ~12
Libélula 14-19-29-49-51 ~45
Libra 14-28-36-39-44 ~27
Librería 20-23-29-45-56 ~13
Librero 9-28-31-37-44 ~22
Libro 9-15-25-49-53 ~19
Licencia 3-7-38-44-55 ~20
Licor 18-26-38-46-47 ~5
Liebre 9-28-50-55-56 ~16
Liga 12-18-25-33-49 ~4
Ligereza 1-30-44-47-50 ~42

Lila 4-5-8-25-36 ~29

Lima 2-12-17-22-27 ~24

Limador 3-39-50-51-56 ~17

Limón 21-25-35-42-51 ~10

Limonada 3-17-28-46-55 ~18

Linaza 17-39-40-47-48 ~33

Lince 13-32-39-47-51 ~28

Lino 12-35-48-49-50 ~42

Linterna 11-16-27-44-54 ~36

Lira 9-13-29-37-39 ~14

Lirio 20-33-37-41-55 ~38

Lisiado 11-17-27-28-39 ~4

Listón 10-31-39-45-53 ~7

Liz 3-6-29-34-50 ~7

Llaga 13-18-25-32-34 ~37

Llama (animal) 2-8-26-37-52 ~24

Llama (fuego) 8-12-14-49-50 ~32

Llanta 1-19-21-38-50 ~15

Llanto 2-11-17-35-38 ~5

Llave 8-27-34-38-47 ~31

Llorar 9-21-26-30-33 ~34

Lluvia 3-12-17-42-55 ~39

Lobo 26-32-36-37-48 ~24

Loco 19-22-41-45-53 ~22

Locomotora 4-12-14-31-54 ~16

Lodazal 10-19-22-41-53 ~28

Loro 14-24-44-46-52 ~46

Lotería 1-4-11-30-48 ~42

Louisiana 5-14-25-42-48 ~45

Loza 2-30-36-48-56 ~37

Luciérnaga 6-22-27-31-50 ~27

Luna 6-9-12-15-27 ~20

Lunar 17-18-21-31-37 ~24

Lunes 4-15-16-24-46 ~32

Luz 3-5-25-30-43 ~26

Macarrones 2-4-28-37-45 ~25

Maceta 1-9-24-26-31 ~46

Madera 4-9-17-33-43 ~39

Maderera 2-7-9-13-19 ~40

Madrastra 2-10-25-40-50 ~1

Madre 8-13-24-34-36 ~26

Madreselva 23-24-30-32-46 ~29

Madrugada 15-32-38-48-52 ~45

Maestro 2-6-28-29-39 ~12

Magia 23-48-50-51-54 ~6

Magistrado 9-31-34-52-55 ~7

Magnolia 9-16-35-53-54 ~1

Mago 4-15-20-29-42 ~23

Maine 6-12-21-50-55 ~12

Maíz 7-10-31-40-55 ~3

Maizal 22-30-37-42-56 ~29

Maleficio 9-11-18-26-52 ~40

Maleta con dinero 1-3-33-36-42 ~17

Malhumorado 4-5-27-41-56 ~45

Malicia 2-12-17-27-40 ~24

Malla 16-19-20-24-34 ~12

Malta 9-20-22-31-47 ~22

Malva 11-22-35-50-56 ~23

Mamá 20-23-37-40-52 ~18

Mancha 5-12-16-30-45 ~20

Mandado 6-11-15-26-50 ~23

Mandíbula 1-5-19-34-36 ~16

Mandril 12-13-16-24-40 ~3

Manejar 2-14-34-40-56 ~2

Mangosta 28-32-38-40-53 ~14

Mano peluda 10-16-19-28-50 ~39

Mano 1-11-15-24-36 ~31

Mansión 5-16-20-45-49 ~41

Manta raya 8-40-43-50-52 ~37

Manta 5-20-27-39-40 ~38

Manteca 1-17-47-49-52 ~9

Mantequilla 3-4-12-28-39 ~16

Mantilla 6-14-19-43-51 ~7

Manuscrito 2-12-43-47-54 ~14

Manzana 4-7-18-22-56 ~14

Mapa 2-4-7-31-46 ~3

Mapache 17-47-52-54-56 ~23

Maquiladora 9-12-18-27-46 ~42

Maquinaria 35-47-49-54-56 ~33

Mar 1-7-8-21-25 ~6

Maracas 4-21-24-25-41 ~42

Marchar 11-21-36-40-54 ~21

Marea 27-43-46-50-55 ~40

Marfil 3-4-5-13-27 ~14

Margarita 5-6-17-19-29 ~18

Marido 5-31-47-48-55 ~26

Marimba 15-27-32-37-52 ~41

Marina 1-6-32-44-55 ~28

Marinero 4-8-16-25-27 ~36

Mariposa 3-7-21-22-48 ~8

Mariquita 5-16-42-48-50 ~7

Marmita 12-14-20-25-34 ~37

Mármol 2-32-41-44-51 ~29

Marmota 2-3-14-22-38 ~45

Marruecos 2-5-8-21-38 ~8

Marsopa 12-15-16-17-51 ~31

Marte 1-17-26-39-48 ~10

Martes 10-19-20-31-47 ~26

Martillo 12-13-28-43-56 ~1

Martinica 15-17-27-43-47 ~36

Mártir 4-13-24-38-47 ~5

Maryland 6-10-15-30-49 ~26

Marzo 11-12-14-19-27 ~26

Máscara 7-10-19-45-49 ~25

Mascarada 21-22-37-38-43 ~1

Mascota 9-15-24-38-44 ~10

Massachusetts 7-9-14-18-25 ~5

Mástil 12-15-24-27-42 ~30

Matamoscas 4-6-27-33-49 ~37

Matar 11-12-43-47-54 ~19

Matemáticas 3-6-33-43-51 ~12

Matrimonio 2-20-25-29-32 ~35

Mausoleo 4-18-22-48-54 ~20

Mayo 1-15-41-52-56 ~9

Mazo 2-4-13-16-38 ~4

Mazorca 5-9-23-27-49 ~36

Mecánico 21-31-34-47-55 ~40

Mecedora 7-17-26-49-50 ~7

Medalla 26-40-43-47-51 ~39

Medias 6-8-18-31-47 ~10

Medicina 7-15-32-44-54 ~32

Médico 7-21-31-34-56 ~3

Medusa 13-29-41-55-56 ~6

Melancolía 8-23-30-31-38 ~42

Melaza 15-21-35-47-56 ~35

Melón 2-5-36-49-53 ~9

Memorando 7-21-30-47-54 ~44

Mendigo 8-12-20-27-52 ~15

Mensaje 7-13-18-47-48 ~12

Menta 4-28-33-52-53 ~7

Mentir 1-23-41-47-53 ~16

Mentiroso 10-17-27-30-48 ~29

Mequetrefe 30-42-45-47-54 ~41

Mercado 6-20-26-32-41 ~20

Mercurio 18-22-26-46-56 ~44

Meretriz 10-11-23-26-44 ~25

Mermelada 16-18-46-47-55 ~7

Mesa 6-11-15-30-37 ~31

Mesero/a 2-13-28-38-51 ~28

Metamorfosis 17-22-38-49-50 ~26

Metro 5-13-22-33-56 ~5

México 4-13-23-26-39 ~14

Michigan 26-31-45-55-56 ~39

Microscopio 11-14-23-38-56 ~38

Miedo 4-24-30-35-42 ~25

Miel 1-6-23-33-42 ~20

Miércoles 33-35-40-41-47 ~11

Mil 5-22-38-40-54 ~38

Millón 4-32-44-45-46 ~43

Mina 16-22-26-43-53 ~31

Mineral 8-30-35-42-55 ~8

Minero 2-10-15-35-45 ~32

Mingitorio 2-10-16-38-50 ~45

Ministerio 13-17-29-30-38 ~16

Ministro 1-12-13-14-48 ~14

Minnesota 14-15-22-27-48 ~32

Minueto 10-15-22-40-46 ~31

Miopía 1-15-29-41-48 ~38

Mirlo 2-4-13-31-42 ~7

Mirra 7-15-19-52-56 ~28

Mirto 1-13-44-45-55 ~24

Mississippi 2-4-13-26-51 ~28

Missouri 1-15-25-30-44 ~38

Misterio 12-41-46-49-54 ~22

Mochila 7-12-32-40-50 ~11

Mocos 10-17-25-26-33 ~33

Modelo 15-17-29-36-51 ~19

Mofeta 11-17-18-28-56 ~7

Moisés 4-5-8-12-20 ~38

Molinero 13-24-37-40-53 ~26

Molino 3-4-26-29-44 ~17

Monasterio 14-15-37-38-45 ~37

Mondadientes 8-15-30-34-39 ~37

Moneda 8-9-13-26-29 ~44

Monitor 30-40-49-51-52 ~14

Monja 6-26-35-48-54 ~10

Monje 10-31-44-47-51 ~15

Mono 16-22-25-26-41 ~7

Monstruo 3-5-35-47-49 ~28

Montana 1-11-31-38-41 ~40

Montaña 9-12-19-23-30 ~23

Montura 1-19-21-28-49 ~34

Mora 5-7-18-31-50 ~37

Mordaza 5-16-35-46-56 ~24

Mordida 20-24-26-49-53 ~44

Morgue 4-7-19-30-33 ~21

Morirse 5-31-50-53-54 ~15

Morsa 8-27-32-49-52 ~13

Mortaja 5-13-35-38-54 ~24

Mortero 1-14-36-43-53 ~4

Mortificación 2-6-8-9-50 ~6

Mosca(s) 2-33-35-54-56 ~43

Mosquito 2-5-15-38-51 ~37

Mostaza 20-24-27-40-43 ~11

Motociclista 10-20-22-34-42 ~12

Motor 8-35-41-49-56 ~14

Muchacha 7-17-19-49-50 ~2

Muchacho 22-30-32-48-53 ~2

Mudo 12-13-17-37-55 ~5

Muela 7-8-24-25-40 ~30

Muelle 5-13-28-46-49 ~3

Muérdago 1-13-27-48-50 ~38

Muerte 3-10-14-22-41 ~11

Muerto 2-21-26-28-54 ~8

Muestras 7-32-33-48-56 ~14

Mujer 3-14-34-43-48 ~20

Muletas 13-26-27-32-48 ~43

Multitud 1-4-23-43-54 ~6

Mundo 1-8-29-42-54 ~15

Munición 14-18-25-34-43 ~24

Muro 11-26-40-48-56 ~35

Músculo 12-21-35-45-46 ~30

Museo 3-12-29-37-49 ~15

Musgo 16-23-25-27-41 ~24

Música 13-19-31-42-50 ~13

Muslo 10-12-15-26-40 ~25

Mustango 24-35-40-46-50 ~23

Nabo 9-36-41-52-56 ~10

Nacimiento 21-29-33-40-46 ~7

Nadar 1-3-8-30-48 ~1

Naranja 4-14-20-44-45 ~24

Narciso 6-12-26-31-38 ~35

Nariz 2-13-30-39-42 ~30

Naufragio 11-15-32-50-55 ~17

Nautilo 6-18-43-44-52 ~28

Navaja 3-17-28-34-54 ~23

Navegar 5-10-35-42-48 ~32

Navidad 6-10-19-43-51 ~30

Nebraska 5-10-18-33-38 ~16

Necesidad 2-4-6-28-48 ~40

Necesitar 4-14-41-47-56 ~10

Negro 12-24-42-50-52 ~35

Nevada 5-14-16-19-41 ~19

New Hampshire 7-19-41-47-51 ~18

New Jersey 23-30-34-36-47 ~27

New Mexico 19-23-29-35-41 ~44

New York 1-13-16-49-51 ~17

Nicaragua 25-31-33-46-47 ~39

Nido 25-31-33-44-54 ~13

Niebla 19-23-26-34-51 ~27

Nieve 7-20-28-43-47 ~19

Nigromante 9-18-22-29-36 ~16

Ninfa 4-14-15-39-53 ~23

Niña 4-12-30-45-46 ~15

Niño 1-3-4-18-26 ~19

Niños 1-8-31-50-53 ~21

Nixtamal 5-9-26-45-47 ~23

Nobleza 8-22-24-49-52 ~42

Noche 23-25-43-53-55 ~18

Nodriza 1-11-27-43-55 ~24

No-me-Olvides 8-16-37-44-45~24

Nostalgia 6-15-18-36-50 ~2

Notario 1-28-40-47-53 ~15

Noticias 10-13-16-22-29 ~6

Novia 6-12-40-46-47 ~20

Noviembre 30-33-36-41-46 ~40

Novios 11-19-28-29-32 ~13

Nubes 7-8-27-40-46 ~10

Nudo 8-19-27-36-41 ~28

Nuera 9-12-15-36-42 ~20

Nueve 25-38-41-44-53 ~46

Nuez 15-20-23-26-31 ~39

Nupcias 4-8-26-39-52 ~33

Nutria 7-17-18-24-47 ~25

Obediencia 4-19-45-48-52 ~27

Obelisco 7-21-23-45-48 ~29

Obispo 4-7-18-24-35 ~2

Obituario 13-22-25-29-53 ~45

Obligación 9-13-22-36-47 ~2

Obscuridad 27-29-35-47-49 ~21

Obscuro 13-20-37-54-56 ~20

Observatorio 15-19-42-44-50 ~36

Oceanía 5-18-28-40-45 ~44

Océano 3-12-14-41-47 ~9

Ocelote 9-25-30-48-55 ~8

Ocho 17-31-32-50-54 ~38

Ociosidad 23-28-48-50-53 ~43

Octubre 7-27-33-40-44 ~45

Oculista 4-14-34-39-44 ~13

Ocultar 10-21-23-25-53 ~30

Ocultista 2-12-23-37-49 ~27

Odio 17-25-28-35-45 ~17

Ofensa 16-46-48-49-56 ~27

Oferta 13-28-44-46-48 ~1

Oficina 17-18-19-27-49 ~43

Ohio 10-11-23-39-47 ~13

Ojeras 8-18-23-25-38 ~32

Ojos vendados 14-17-18-29-37~4

Ojos 3-15-33-46-51 ~43

Oklahoma 6-26-35-43-53 ~2

Olas 11-18-25-39-44 ~16

Olor 5-6-16-35-44 ~37

Omelete 7-21-25-38-52 ~33

Ómnibus 16-20-29-46-55 ~40

Opera 1-2-7-11-37 ~21

Opio 13-31-34-43-51 ~17

Opulencia 13-22-42-48-55 ~11

Orador 33-44-47-53-55 ~3

Orangután 2-4-19-36-55 ~22

Orca 4-14-30-35-50 ~36

Órdenes 8-28-29-49-55 ~5

Ordeñar 12-32-36-38-45 ~3

Oregon 5-10-24-35-53 ~16

Orejas 3-5-20-47-55 ~38

Organista 24-33-43-44-47 ~17

Órgano 21-22-26-27-45 ~13

Orina 3-26-37-38-47 ~41

Ornamento 7-10-22-32-35 ~10

Ornitorrinco 4-16-48-53-56 ~24

Oro 10-30-35-42-56 ~5

Oropéndola 12-16-21-25-41 ~13

Oros 1-4-6-35-54 ~20

Orquesta 8-10-20-28-51 ~25

Ortiga 1-12-21-26-50 ~36

Oruga 10-26-46-47-48 ~16

Oso Hormiguero 20-22-24-31-43 ~18

Oso Polar 14-34-35-40-43 ~24

Oso 4-16-38-44-53 ~9

Ostra 19-20-32-41-44 ~41

Otoño 5-12-22-23-28 ~15

Ouija 9-25-26-31-47 ~43

Oveja 10-25-28-41-56 ~39

Overol 7-21-28-39-44 ~9

Oxidado 4-20-32-40-45 ~37

Pabellón 17-28-33-51-54 ~20

Pacificar 2-23-36-47-50 ~46

Padrastro 2-4-21-46-48 ~37

Padre Nuestro 6-19-22-26-30 ~38

Padre 2-15-16-30-49 ~32

Pagoda 8-15-28-37-41 ~32

Paja 29-32-47-50-56 ~29

Pájaro Carpintero 9-13-14-53-55 ~9

Pájaro 20-24-42-45-51 ~26

Paje 5-15-21-28-41 ~18

Pala 1-2-3-37-49 ~16

Palacio 4-8-10-16-39 ~35

Palmera 8-21-26-27-32 ~1

Palo 3-6-16-30-47 ~34

Paloma 6-28-32-35-47 ~27

Paloma 9-15-16-18-46 ~11

Palos 8-10-25-27-32 ~40

Pampa 11-31-39-51-54 ~5

Pan 14-21-22-33-34 ~19

Panadería 3-23-39-45-47 ~4

Panamá 6-23-31-42-51 ~12
Panda 27-29-38-51-52 ~21
Pandero 2-14-21-22-45 ~11
Pandilla 3-33-42-46-50 ~31
Panorama 2-10-20-31-53 ~7
Panqué 2-14-33-40-43 ~17
Pantano 1-3-12-22-55 ~21
Pantera Negra 5-8-9-37-38 ~17
Pantera 6-27-34-50-55 ~33
Pantomima 7-30-34-36-40 ~17
Pantuflas 22-31-36-40-56 ~25
Pañuelo 7-21-23-32-44 ~42
Papa 5-6-23-42-54 ~9
Papagayo 4-29-31-32-49 ~9
Papalote 9-13-43-45-50 ~12
Papas 5-19-26-36-45 ~8
Papel 6-27-28-35-41 ~29
Paquete 7-12-14-26-32 ~17
Parábola 8-21-37-42-56 ~22
Paraguas 10-14-32-48-50 ~2
Paraguay 17-33-36-42-50 ~23
Paraíso 3-23-39-45-47 ~4
Parálisis 2-14-21-22-45 ~11
Pararrayos 3-33-42-46-50 ~31
Parpadeo 9-12-17-27-51 ~25
Parque 2-10-20-31-53 ~7
Parra 2-14-33-40-43 ~17
Pasajero 1-3-12-22-55 ~21
Pasamanos 6-27-34-50-55 ~33
Pasas 7-30-34-36-40 ~17
Paseo 22-31-36-40-56 ~25
Pasos 7-21-23-32-44 ~42
Paspartú 5-6-23-42-54 ~9
Pasta 10-12-14-29-40 ~15
Pastas 6-14-46-49-52 ~10
Pastel 9-13-43-45-50 ~12
Pastelería 4-29-31-32-49 ~9
Pastilla 5-19-26-36-45 ~8
Pastor 6-27-28-35-41 ~29
Patente 10-12-33-40-45 ~46
Patín 9-14-28-37-54 ~24
Patinar 3-13-40-48-55 ~19
Pato 7-12-14-26-32 ~17

Pavo 10-14-32-48-50 ~2
Pavorreal 8-21-37-42-56 ~22
Pecas 23-35-41-50-55 ~40
Pecera 4-39-40-42-55 ~35
Peces 1-40-51-52-56 ~12
Pecho 19-29-31-39-48 ~36
Pedrería 5-18-23-31-43 ~12
Peinado 30-32-47-52-54 ~20
Pelea 7-16-31-50-54 ~40
Peletería 1-11-37-44-54 ~16
Pelícano 3-19-21-32-48 ~8
Peligro 8-14-39-42-56 ~10
Peltre 1-8-12-44-53 ~15
Peluca 10-18-34-53-55 ~36
Penalti 1-34-53-54-55 ~24
Penitenciaría 10-11-23-30-33 ~25
Pennsylvania 15-27-33-46-52~31
Pensión 18-22-31-36-39 ~24
Peonía 4-10-12-23-42 ~40
Pepino 1-13-26-45-48 ~3
Pera 16-20-42-43-55 ~6
Perca 11-16-47-53-56 ~17
Perder 9-17-21-27-50 ~40
Pérdida 3-41-42-48-51 ~15
Perdiz 18-25-27-48-54 ~8
Perdonar 12-42-46-47-56 ~1
Perejil 5-20-41-50-53 ~46
Pereza 6-7-23-38-51 ~21
Perezoso 10-24-26-33-37 ~7
Perfume 9-16-21-35-38 ~7
Pergamino 2-3-31-32-37 ~22
Periódico 21-22-39-43-44 ~2
Periquito 4-8-13-25-37 ~45
Perla 25-26-34-40-42 ~7
Permiso 6-14-31-35-41 ~28
Perro 13-17-25-40-56 ~17
Perú 11-16-27-40-50 ~26
Pesadilla 21-30-33-36-55 ~44
Pesar 6-8-18-21-45 ~32
Pesca 9-25-33-47-48 ~27
Pescadería 9-39-40-43-54 ~11
Pescado 6-7-26-27-28 ~2
Pescador 3-28-31-43-53 ~43

Peste 11-22-24-42-56 ~24

Petirrojo 6-19-28-33-39 ~20

Pez 21-22-25-33-46 ~37

Piano 3-6-9-47-54 ~34

Picadillo 4-20-34-44-56 ~13

Picadura 21-27-41-52-54 ~38

Picahielos 1-8-19-30-45 ~43

Pícher 19-35-37-44-51 ~42

Pichón 2-16-24-26-54 ~4

Picnic 1-21-29-34-48 ~31

Pie 10-11-17-27-33 ~11

Piedra preciosa 1-4-17-38-41 ~1

Piedra 7-18-40-46-51 ~11

Piedrecilla 3-22-32-40-51 ~20

Piel 8-9-14-26-35 ~35

Pieles 5-19-22-30-44 ~30

Piernas 7-26-35-40-53 ~20

Pijama 7-14-36-42-53 ~43

Pilares 9-11-14-18-26 ~11

Píldora 18-31-33-48-54 ~16

Pimienta 26-27-35-48-52 ~29

Pingpong 5-16-21-39-46 ~24

Pingüino 15-20-26-42-46 ~32

Pino 6-17-21-43-47 ~27

Pintura 8-15-24-47-52 ~18

Pinzas 22-30-41-47-54 ~18

Pinzón 10-26-27-40-53 ~17

Piña 2-5-31-34-42 ~32

Piñata 1-15-19-21-30 ~23

Piojos 1-19-37-48-52 ~39

Pionero 12-17-22-24-38 ~36

Pipa 2-22-30-33-56 ~26

Pirámide 22-23-36-38-41 ~36

Piraña 3-14-27-35-50 ~34

Pirata 15-25-45-49-51 ~36

Pirotecnia 3-13-24-36-47 ~10

Pirúl 10-15-16-45-56 ~28

Piscis 5-26-38-44-53 ~17

Pistola 3-13-24-36-47 ~10

Pizarrón 4-5-19-34-42 ~7

Pizcador/a 4-8-26-30-40 ~14

Placa 2-28-31-50-53 ~16

Placer sexual 2-19-43-51-55 ~4

Placeres 18-23-25-39-53 ~18

Plaga 4-8-12-31-41 ~14

Planchar 8-38-45-46-47 ~5

Planeta 16-19-37-41-47 ~46

Planos 7-10-11-34-36 ~15

Plástico 16-22-29-32-38 ~45

Plata 2-23-28-46-54 ~1

Plátano 5-11-17-36-49 ~44

Platón 8-23-24-35-49 ~39

Playera 4-25-40-44-53 ~26

Plegaria 4-15-30-36-55 ~35

Plomo 1-28-32-35-56 ~28

Pluma 2-6-10-27-46 ~36

Pobre 3-9-26-31-53 ~2

Podadora 6-15-17-18-41 ~38

Poderío 9-16-20-29-45 ~15

Póker 5-37-43-44-46 ~38

Polea 14-40-45-51-55 ~37

Policía 23-26-35-41-53 ~13

Polilla 25-34-37-40-43 ~40

Político 4-20-21-32-40 ~24

Polka 5-7-14-32-56 ~23

Pollo 9-16-28-38-45 ~3

Polvo 2-16-17-42-48 ~35

Pomada 4-12-40-45-46 ~5

Ponche 11-17-25-46-49 ~42

Poni 2-6-21-24-31 ~42

Porcelana 8-13-17-21-37 ~15

Porrón 2-6-20-30-47 ~36

Portaestandarte 13-23-29-33-40 ~6

Portafolios 28-30-33-41-56 ~29

Portamonedas 5-6-23-27-48 ~40

Portero 5-11-12-25-35 ~27

Pórtico 5-25-40-51-52 ~10

Portugal 12-27-31-42-45 ~23

Posada 24-27-28-41-45 ~7

Potro 6-9-10-13-30 ~24

Pozo 9-17-29-35-55 ~38

Pradera 13-15-24-25-47 ~41

Precipicio 18-22-31-42-45 ~14

Predestinación 11-27-35-45-54 ~43

Predicador 5-28-34-44-56 ~27

Predicción 6-17-25-31-40 ~17

Predisposición 17-18-24-33-53 ~41

Predominio 9-22-33-43-50 ~18

Pregonero 6-12-15-29-40 ~29

Pregunta 9-26-47-52-53 ~43

Preparatoria 26-33-34-47-52 ~40

Presidente 6-10-23-29-46 ~21

Préstamo 2-21-26-28-39 ~9

Prestidigitador 4-16-25-47-53~44

Pretil 28-31-32-42-49 ~1

Primavera 14-23-28-35-54 ~9

Primera Comunión 6-10-15-20-40~37

Prisión 5-9-21-41-52 ~46

Procesión 8-11-18-36-42 ~14

Profanar 12-30-44-45-47 ~35

Promesa 1-6-7-41-49 ~12

Propaganda 10-12-33-40-45 ~46

Propiedad 7-30-32-46-47 ~20

Prostituta 11-27-28-32-48 ~30

Protuberancia 10-11-16-20-52 ~19

Psicosis 2-13-22-32-53 ~34

Púas 17-21-22-46-56 ~24

Pudín 2-21-27-37-52 ~38

Pueblo 8-16-27-29-44 ~45

Puercoespín 1-2-23-26-27 ~29

Puerta 4-21-26-41-56 ~29

Puerto Rico 2-20-25-27-51 ~7

Puerto 3-6-20-24-41 ~44

Pulgar 7-18-42-44-47 ~6

Pulgas 19-20-28-29-45 ~17

Púlpito 2-5-24-25-55 ~2

Pulpo 18-22-40-54-56 ~13

Pulso 4-10-16-23-27 ~19

Puma 3-12-31-44-46 ~38

Punzocortante 10-14-23-41-55 ~40

Purga 4-7-31-34-43 ~37

Púrpura 6-12-18-36-41 ~23

Querubín 13-22-27-31-48 ~26

Queso 2-6-20-31-42 ~36

Quetzal 3-29-33-42-48 ~5

Quinceañera 17-18-40-42-49 ~30

Quinina 10-11-29-31-35 ~11

Quiromancia 1-4-34-39-44 ~5

Rábano 13-14-26-36-47 ~32

Rabia 5-6-9-17-37 ~25

Raíz 11-13-16-39-47 ~17

Rama 9-16-31-42-54 ~8

Ramillete 3-8-15-16-23 ~15

Rana 1-15-22-39-49 ~23

Rápidos 8-29-30-33-49 ~9

Raqueta 5-21-33-34-39 ~19

Rasguñar 5-9-17-46-54 ~11

Rastrillo 15-22-34-39-52 ~15

Rastro 4-5-10-19-54 ~30

Rasurar 22-29-37-45-48 ~32

Rata almizclera 18-35-46-47-55 ~44

Rata 4-25-38-49-55 ~22

Ratón 25-41-44-46-55 ~28

Ratonera 5-11-43-52-56 ~27

Realización 3-13-22-37-41 ~34

Recado 3-16-22-32-51 ~9

Recámara 3-14-15-18-52 ~23

Recepción 2-12-38-44-51 ~37

Recuento 6-33-38-49-56 ~27

Red 12-13-33-36-46 ~44

Redes 14-20-31-45-47 ~25

Redituar 1-3-5-20-32 ~3

Redoble 7-15-19-33-51 ~14

Refrigerador 7-14-15-22-47 ~32

Regadera 17-18-43-52-56 ~22

Regalo 3-10-29-32-56 ~4

Regaño 6-7-24-36-54 ~5

Regazo 1-2-41-43-47 ~38

Registro 7-19-37-40-50 ~4

Reina 22-24-35-40-54 ~44

Relámpago 7-33-34-38-56 ~44

Relicario 4-13-17-23-36 ~8

Religión 13-15-21-43-52 ~23

Reloj Arena 7-10-16-31-39 ~11

Reloj 6-9-42-46-48 ~42

Remendar 5-6-13-38-42 ~18

Remiendo 13-22-40-43-50 ~8

Remo 6-17-18-27-32 ~3

Remolacha 9-31-40-44-54 ~41

Remolino 6-15-32-39-55 ~32

Renacer 2-11-22-23-51 ~36

Renacuajo 1-25-32-42-45 ~24

Rencor 2-9-50-53-56 ~25
Reno 10-18-27-46-47 ~18
Renta 3-5-16-30-38 ~29
Renuncia 13-14-15-18-24 ~36
Reo 2-8-9-30-32 ~23
Reparación 1-13-21-23-25 ~11
Reportero 22-31-33-37-56 ~28
Reptil 20-28-39-45-56 ~31
Rep. Dominicana 1-14-15-20-39 ~29
Resbalar 5-17-21-23-30 ~2
Rescate 8-11-16-26-53 ~41
Resguardo 2-7-24-44-48 ~41
Resplandor 17-20-31-50-53 ~40
Resucitar 10-16-27-29-49 ~40
Resurrección 14-15-16-18-27 ~32
Reto 6-31-32-53-54 ~15
Retrato 3-6-29-33-55 ~36
Reumatismo 6-12-16-17-56 ~3
Revelación 17-18-32-47-56 ~36
Reverbero 28-29-32-46-56 ~6
Revólver 10-13-14-20-56 ~24
Rey 14-16-38-43-49 ~35
Rhode Island 2-3-9-15-45 ~45
Rieles 1-18-37-43-48 ~42
Rifa 9-12-40-47-49 ~45
Rifle 2-6-40-43-55 ~9
Rinoceronte 4-8-13-16-18 ~35
Río 3-18-19-42-47 ~2
Riqueza 10-15-23-27-34 ~1
Risa 1-16-38-45-48 ~20
Rivalidad 6-18-28-44-55 ~20
Roble 14-43-48-49-50 ~9
Robo 24-34-36-39-48 ~10
Roca 9-11-19-42-44 ~18
Rocío 14-23-25-38-47 ~32
Rodilla 5-10-26-38-44 ~8
Rododendro 4-10-31-37-45 ~27
Rojo 14-23-25-28-33 ~38
Romero (errante) 9-42-44-49-52 ~43
Romero (yerba) 9-43-47-49-50 ~30
Rompimiento 14-20-27-36-48 ~25
Ron 12-18-24-31-33 ~32
Ropa algodón 4-6-13-23-56 ~36

Ropa 2-12-47-54-56 ~37
Ropa / boda 20-48-51-52-53 ~5
Rosa (color) 3-12-21-39-40 ~21
Rosa 3-4-16-43-49 ~7
Rosal 13-18-25-47-50 ~31
Rosca 4-5-6-29-43 ~31
Rostro 10-30-33-36-55 ~41
Rubí 31-34-45-48-53 ~26
Rubor 28-38-39-40-41 ~27
Ruda 9-26-28-43-54 ~43
Rueca 21-23-24-36-39 ~22
Rueda / Fortuna 2-9-15-16-49 ~9
Ruido 9-20-35-47-52 ~29
Ruina 2-3-33-35-49 ~18
Ruiseñor 8-12-16-17-49 ~43
Sábado 2-7-18-25-55 ~24
Sabiduría 1-10-34-46-49 ~21
Sábila 12-26-41-43-45 ~17
Sabor 2-8-16-20-53 ~32
Sabueso 12-32-34-47-55 ~21
Sacacorchos 2-8-10-27-43 ~24
Sacerdote 6-12-20-30-53 ~45
Sacerdotisa 7-15-32-47-51 ~28
Sacudidor 2-13-25-33-46 ~41
Sagitario 3-22-23-24-37 ~33
Saint-Martin 3-13-17-24-37 ~16
Saint-Pierre 16-23-27-40-46 ~30
Sal 20-30-34-38-50 ~11
Salamandra 1-15-17-30-44 ~17
Salitre 2-4-25-30-36 ~46
Salmón 3-13-25-47-54 ~8
Salón / Fama 9-12-31-33-40 ~1
Salsa 25-27-28-48-52 ~22
Saltamontes 13-23-33-42-52 ~22
Saltar 9-14-17-39-56 ~46
Salvaje 6-11-14-35-54 ~20
Salvavidas 10-11-22-43-53 ~37
Salvia 13-18-46-49-55 ~21
San Bartolomé 1-9-13-15-38 ~24
Sangrar 2-10-38-39-56 ~31
Sangre 19-29-36-47-51 ~42
Sangría 30-32-34-35-45 ~35
Sanguijuela 5-25-38-51-55 ~3

Tapicería 19-20-29-38-50 ~8

Tapir 10-17-34-38-46 ~24

Taquilla 16-24-25-32-48 ~37

Tarántula 3-5-6-19-47 ~14

Tarta 24-43-44-52-56 ~33

Tartamudear 5-15-19-29-42 ~19

Tatuaje 38-46-47-50-52 ~44

Tauro 9-11-12-42-54 ~11

Taxi 11-30-41-48-53 ~11

Té 15-26-36-39-46 ~41

Teatro 2-8-14-36-45 ~6

Techo 7-15-16-32-56 ~40

Tejer 9-17-32-41-44 ~20

Tejido 4-13-19-35-39 ~32

Tejo 9-19-28-34-49 ~28

Tela 20-25-33-47-55 ~24

Telar 9-15-16-17-49 ~32

Telaraña 5-11-47-50-55 ~1

Teléfono 11-24-33-36-45 ~6

Telegrama 6-21-30-42-53 ~44

Telescopio 3-4-13-40-43 ~41

Televisión 9-32-39-43-46 ~30

Temblar 4-18-27-45-54 ~9

Temor 23-30-31-32-39 ~4

Tempestad 8-9-29-40-52 ~39

Templanza 15-22-41-49-50 ~13

Tenazas 2-21-25-37-51 ~20

Tennessee 4-13-18-23-39 ~23

Tentaciones 8-14-30-43-51 ~16

Tercia 10-13-16-28-51 ~35

Terciopelo 5-40-42-44-50 ~41

Termita 10-36-40-46-50 ~36

Termómetro 2-20-32-34-39 ~25

Terraplén 4-11-17-30-50 ~39

Terraza 3-6-17-25-42 ~42

Terremoto 1-5-11-19-29 ~12

Terreno 36-42-43-48-54 ~15

Terror 1-25-51-55-56 ~21

Tesoro 11-33-34-51-52 ~30

Testamento 11-14-31-38-49 ~23

Testigo 2-14-18-26-28 ~24

Tétanos 4-7-21-27-33 ~26

Tetera 4-11-20-25-34 ~7

Texas 7-31-33-40-49 ~4

Texto 2-3-24-25-34 ~31

Tía 11-13-17-37-42 ~11

Tiburón 12-24-26-42-52 ~13

Tienda china 4-5-12-20-50 ~42

Tienda 19-31-35-47-53 ~14

Tifoidea 11-12-13-48-55 ~39

Tigre 20-26-29-45-55 ~36

Tijeras 10-40-42-46-52 ~7

Timbales 28-34-39-41-44 ~3

Timbre 1-8-24-37-40 ~17

Timbres 3-10-24-52-55 ~41

Timón 8-33-36-37-39 ~39

Tina 7-12-13-45-53 ~45

Tinta 2-16-30-32-44 ~17

Tinte 5-14-30-36-56 ~22

Tintero 2-9-19-25-31 ~21

Tiña 7-8-40-50-51 ~27

Tío 24-28-36-52-56 ~6

Tiros 1-17-18-22-30 ~30

Títere 2-5-14-43-45 ~26

Tiza 7-13-31-45-52 ~7

Tiznar 6-7-13-26-49 ~24

Tizón 6-32-35-40-49 ~25

Tocadiscos 13-26-34-35-53 ~19

Tocar 12-35-40-45-49 ~3

Tocino 2-22-25-34-39 ~6

Tomate 20-34-36-50-51 ~30

Topacio 10-14-17-26-43 ~38

Topo 4-41-43-47-51 ~3

Torbellino 10-11-19-37-51 ~9

Tordo 6-7-22-34-39 ~36

Tormenta 6-11-25-34-48 ~39

Tornado 25-42-46-53-54 ~35

Toro 1-5-7-34-53 ~22

Toronjil 7-17-38-41-44 ~22

Torpe 16-25-30-42-48 ~14

Torpeza 5-8-16-29-48 ~24

Torre 4-17-18-21-22 ~31

Torrente 3-20-25-27-30 ~46

Torta 11-26-39-43-50 ~43

Tortuga marina 8-9-19-21-48 ~17

Tortuga 13-34-44-49-50 ~45

Tortura 13-15-31-39-43 ~19
Toser 8-12-13-32-56 ~28
Tostar 14-17-25-50-52 ~42
Trabajador 3-6-25-31-36 ~5
Trabajo 3-30-33-41-52 ~33
Tractor 8-27-31-38-44 ~7
Traga fuego 14-43-51-55-56 ~17
Tragar 6-8-42-53-55 ~7
Tragedia 4-10-27-28-47 ~4
Traición 4-8-15-21-24 ~7
Traidor 1-2-8-30-35 ~42
Trampa 16-21-22-31-41 ~32
Transpiración 2-20-21-24-53 ~10
Trébol 2-10-26-45-50 ~46
Trementina 21-28-30-42-56 ~37
Tren 4-30-39-46-52 ~5
Tres 39-43-44-49-56 ~25
Triángulo 2-5-7-14-16 ~12
Tributo 5-8-29-31-39 ~25
Trigo 2-24-27-36-44 ~12
Trillar 9-12-21-23-44 ~40
Trineo 9-22-27-46-51 ~6
Tripas 1-15-17-31-33 ~31
Triturar 1-11-14-24-43 ~23
Trofeo 3-14-35-44-45 ~22
Trompa 1-13-17-23-24 ~22
Trompeta 9-18-27-38-52 ~14
Tronco 15-18-31-34-46 ~17
Tropezar 13-18-37-53-56 ~14
Trucha 11-20-22-27-33 ~19
Trueno 11-37-38-44-48 ~12
Tubo 19-28-29-43-45 ~8
Tuerto 15-28-41-43-56 ~6
Tulipán 2-23-27-30-47 ~28
Tumulto 6-15-20-24-33 ~7
Túnel 3-11-26-34-35 ~6
Turco 10-16-22-24-30 ~1
Turista 8-11-15-16-53 ~45
Turquesa 7-27-38-41-48 ~28
Úlcera 3-5-10-54-55 ~19
Ultraje 3-5-12-34-48 ~4
Ungüento 8-14-38-40-46 ~6
Unicornio 7-34-50-52-55 ~4

Uniforme 15-19-45-46-49 ~31
Unir 1-5-12-19-51 ~23
Universidad 3-11-17-27-37 ~6
Uno 16-34-39-46-51 ~13
Dos 23-32-35-37-46 ~44
Untamiento 23-27-31-38-44 ~15
Uña 11-20-48-50-51 ~15
Urgencia 2-24-27-46-56 ~5
Urna 18-26-31-49-56 ~26
Urraca 15-21-28-35-48 ~41
Urticaria 15-22-24-25-45 ~12
Urticaria 15-48-49-51-52 ~26
Uruguay 1-19-25-37-50 ~20
Usurero 8-37-41-48-55 ~16
Usurpador 2-3-14-28-44 ~14
Utah 26-32-41-50-55 ~23
Uva 13-14-22-50-54 ~29
Vaca 2-27-39-46-50 ~17
Vagabundo 8-27-31-35-36 ~4
Vagar 6-32-39-41-46 ~27
Vagón 22-27-37-49-51 ~45
Vaguedad 25-49-50-52-53 ~7
Vaina 12-14-23-31-33 ~43
Vajilla 2-4-31-52-53 ~7
Valla 22-25-38-49-55 ~11
Valle 8-15-27-43-54 ~42
Vals 18-28-29-32-55 ~44
Vampiro 1-17-22-29-55 ~33
Vapor 4-9-13-19-26 ~34
Vasijas 4-6-9-23-55 ~4
Vasos 20-26-39-46-47 ~7
Vaticano 13-28-34-45-56 ~37
Vecino 7-16-33-54-55 ~41
Vegetal 3-5-18-33-34 ~1
Vehículo 2-14-25-34-41 ~1
Vejiga 16-35-39-50-53 ~5
Vela romana 7-15-20-23-43 ~28
Velar 6-17-24-29-53 ~18
Velo 1-17-26-33-48 ~35
Venado 8-16-24-29-56 ~36
Venas 14-25-39-41-43 ~38
Vendedor seguros 6-20-22-33-48 ~12
Veneno 21-27-38-42-50 ~31

Venezuela 5-26-27-30-54 ~46

Venganza 9-10-26-30-50 ~19

Ventana 15-18-25-36-44 ~27

Ventarrón 8-23-24-46-55 ~13

Ventrílocuo 28-38-42-52-55 ~27

Verano 14-22-31-38-40 ~32

Verde 32-35-41-50-54 ~4

Vergel 8-15-17-34-50 ~46

Vermont 8-9-11-14-46 ~7

Verruga 33-40-41-50-52 ~12

Vértigo 11-17-18-26-29 ~37

Vestimenta 14-24-32-42-47 ~33

Viajar 1-20-28-48-53 ~35

Viaje 15-18-22-47-50 ~11

Viajero 20-23-24-34-35 ~8

Víbora 13-14-36-40-45 ~4

Vicario 1-19-21-36-55 ~16

Víctima 6-18-30-48-55 ~23

Victoria 15-21-28-35-55 ~27

Vicuña 19-39-41-43-46 ~11

Vidriera 10-12-20-41-47 ~34

Vidriero 9-14-21-29-31 ~13

Vidrio 1-21-23-30-48 ~13

Viejo 15-31-37-45-53 ~21

Viento 14-24-35-43-44 ~33

Viernes 15-18-42-44-45 ~14

Vinagre 2-4-16-37-50 ~18

Vino 11-42-47-51-53 ~8

Viñedo 9-18-20-49-50 ~6

Violación 11-37-47-48-53 ~19

Violencia 20-22-48-50-56 ~18

Violeta 21-29-34-53-55 ~15

Violín 3-11-25-45-56 ~12

Virgen 3-5-45-50-55 ~44

Virginia 10-11-31-39-55 ~16

Virgo 1-10-16-41-45 ~46

Viruela 16-38-42-48-50 ~4

Virus 19-29-39-42-56 ~45

Visiones 3-6-10-26-38 ~28

Visita 5-13-29-30-48 ~40

Vista aérea 7-31-33-40-52 ~20

Viudo 6-21-36-38-43 ~37

Voces 19-43-46-49-54 ~26

Volante 3-13-40-48-55 ~19

Volar 13-14-22-24-56 ~31

Volcán 14-27-28-39-41 ~17

Vómito 17-22-27-46-53 ~33

Votar 4-7-9-40-50 ~23

Vuelco 5-10-24-27-54 ~4

Washington 11-23-42-51-55 ~1

West Virginia 5-13-19-20-49 ~14

Whisky 8-32-36-51-53 ~43

Wisconsin 16-27-29-34-35 ~26

Wyoming 2-10-29-46-47 ~30

Xenofobia 5-13-25-32-47 ~43

Xilófono 29-39-42-44-52 ~10

Yankee 22-24-27-40-46 ~46

Yarda 41-45-53-55-56 ~28

Yate 28-34-43-44-48 ~35

Yegua 16-31-32-42-47 ~31

Yerba 4-5-14-39-47 ~45

Yerbabuena 10-11-32-45-56 ~29

Yerno 5-6-11-38-47 ~38

Yeso 3-29-34-37-43 ~21

Yugo 1-5-43-44-54 ~41

Yunque 1-5-10-12-41 ~15

Zafiro 10-21-25-41-47 ~45

Zanahoria 15-40-42-47-49 ~20

Zancos 23-36-39-43-48 ~44

Zanja 2-11-43-44-52 ~5

Zapapico 6-14-21-25-48 ~32

Zapatero 25-32-34-35-54 ~13

Zapatos 9-17-18-51-56 ~8

Zarigüeya 2-30-31-41-44 ~43

Zarzal 4-28-31-41-48 ~5

Zarzamora 19-25-38-49-52 ~7

Zenit 5-36-37-38-49 ~20

Zinc 30-37-45-47-51 ~6

Zodiaco 1-14-33-43-51 ~40

Zoológico 3-27-30-39-42 ~22

Zorro 13-14-29-31-46 ~1

Zueco 1-36-46-53-55 ~40

Zurdo 1-22-27-37-40 ~34

Fin

El Sueño del Árbol del Dinero

Sueño:

Le escribo para platicarle de un sueño que tuve desde que era una niña y que se repitió varias veces en mi niñez y mi adolescencia. Mi sueño es que voy por un campo muy verde. En mi sueño sé que mi mamá me mandó a un mandado. De repente a lo lejos veo que del tronco de un árbol brilla una luz. Yo me acerco y empiezo a escarbar con mis manos y empiezo a sacar monedas. Sigo escarbando y siguen saliendo más y más. Cuando ya tengo bastantes, pienso "voy primero a hacer el mandado que mi mama me mandó y cuando regrese me llevo el dinero". Me voy a hacer el mandado, pero cuando vuelvo ya no hay nada. Ahora ya soy una persona mayor pero siempre me ha intrigado ese sueño. ¿Qué significado tiene? Gracias. Tina

Interpretación:

Amiga Tina: Su sueño tiene una interpretación muy interesante, sobre todo porque lo tenías durante la infancia y la adolescencia. El árbol representa la figura paterna. Las monedas representan éxito y riqueza. El campo verde simboliza la libertad, la felicidad y las oportunidades de la vida. Según tu sueño, tú perdías una cierta cantidad de monedas por ir a cumplir tus deberes. Como quien dice, te perdías de las oportunidades de las riquezas y de las oportunidades de la vida por cumplir con lo que tenías que cumplir. Cabe hacer notar que dejaste de tener esos sueños al crecer, lo que refleja tu madurez de adolescente a persona adulta, ya que cuando se es menor de edad, se está sujeto a las órdenes de otros y cuando se es adulto, se es autónomo.

Tu amigo, Bernabé.

Símbolos a interpretar: *campo, verde, tronco, árbol, luz, escarbar, monedas, mandado, mamá y dinero.*

Números de la Suerte
de 3 y 4 cifras, según las vibraciones diarias.

El Sueño del Hechizo

Sueño:

"Soné que estaba en una casa desconocida para mí. Yo estaba con mi madre porque teníamos que viajar a los EU. Al momento de despedirnos, llegó una viejita. Ella apareció en un cuarto y traía cargando algo como con una canasta. De pronto la vi y fui acercándome a ella. En ese cuarto también estaba mi mamá. Poco a poco la ancianita se acercó a mí y me metió algo así como si fuera una mazorca de maíz en la boca. A medida que eso sucedía yo gritaba desesperada. En medio de ese trance yo veía una calavera como si fuese la muerte. Entonces mi madre preguntó: "¿Qué pasa?". Y la anciana respondió "Déjala esos son los efectos de que el maleficio está saliendo. De ahora en adelante quedará protegida de toda maldad", A mí me llama mucho la atención ese sueño, porque realmente yo estoy pasando por una situación poco afortunada. Tengo un negocio y las cosas no están tan bien en mi casa porque el problema económico está horrible. He tratado de hacer muchas cosas entre ellas limpias con incienso, velas, y de todo. Espero tu respuesta. Tu amiga y lectora, Mireya.

Interpretación:

Amiga Mireya. Siempre hemos hablado que los sueños son manifestación de lo que está en el inconsciente del soñante. En tu caso, la situación es muy clara: en tu inconsciente hay una creencia de que si las cosas están mal es porque un hechizo pesa sobre ti. La anciana de tus sueños representa la sabiduría. Lo curioso es que el maíz representa ganancias en los negocios. En tu sueño la anciana trata de meterte a la fuerza las ganancias y tú mientras forcejeas con ella ves a la muerte. Lo que tu sueño podría representar es que le tienes miedo al éxito. Analiza tu situación y cómo llegaste hasta ahí. Quizá sea posible que estés en mala situación económica como resultado decisiones que has tomado que no son sabias. Quizá sea posible que tú misma estés propiciando la situación poco afortunada de la que hablas.

Algo que te quiero señalar es que en la vida real aseguras que has tratado de cambiar tu situación con incienso y velas, o sea en forma pasiva. Sin embargo, el mensaje de tu sueño es de acción y bien podría ser: "cambia tus pensamientos", "deja de rechazar la prosperidad y no vuelvas a pensar en el fracaso". "busca cómo puedes darle la vuelta a tu situación". Esto es muy interesante porque los obstáculos pueden fácilmente convertirse en oportunidades. Tu amigo Bernabé.

Símbolos: *mazorca, maíz, muerte, calavera, cuarto, anciana, viaje, boca, maleficio.*

Números de la Suerte (3 y 4 cifras)

Primer trimestre del año

	ENERO		FEBRERO		MARZO	
	3	4	3	4	3	4
1	044	9149	362	9602	001	9763
2	412	0270	053	4325	598	6296
3	464	7667	601	3761	498	2465
4	001	8528	081	2618	248	8608
5	547	0061	532	4396	145	4197
6	296	2098	662	3728	362	7940
7	311	0560	767	7259	544	3360
8	038	6805	206	7777	696	2812
9	159	9440	458	3808	730	5761
10	204	6214	484	1235	072	9581
11	409	8717	910	0063	782	9478
12	850	3454	126	6710	831	1865
13	107	5157	496	0163	681	9537
14	507	2462	594	9916	505	4878
15	751	0226	748	1669	329	2484
16	471	1320	904	3367	956	2078
17	112	7714	280	2663	211	7307
18	225	9287	901	9999	680	9899
19	131	0043	647	9526	263	3775
20	061	4070	495	2462	271	5305
21	182	3474	037	8396	288	7662
22	125	1286	851	4669	255	4879
23	545	8684	613	9658	776	6322
24	282	8092	305	3720	312	5205
25	199	1381	015	1728	426	8388
26	649	2604	624	7657	384	8104
27	901	1721	904	9230	492	0153
28	596	6499	852	1710	949	9136
29	687	8649	424	1166	509	7091
30	843	9358			445	9615
31	461	9428			073	9385

Números de la Suerte (3 y 4 cifras)

Segundo trimestre del año

	ABRIL		MAYO		JUNIO	
	3	4	3	4	3	4
1	030	8304	939	7679	964	7802
2	911	4028	855	8534	258	8626
3	843	1814	365	8036	063	5130
4	313	3310	584	8108	805	6145
5	617	5796	899	0554	446	0849
6	279	3814	722	9556	473	9324
7	646	4765	614	8211	741	6798
8	709	4543	033	8575	567	2590
9	252	9573	115	2450	260	3932
10	437	6917	453	0848	105	6581
11	931	2426	256	8757	091	2360
12	933	0174	232	9496	527	9202
13	018	1817	869	6741	423	7005
14	350	5609	428	0145	713	7038
15	711	8834	817	7249	357	0544
16	449	6011	790	7603	995	3276
17	304	8284	051	1167	379	4438
18	074	1083	455	5175	426	4007
19	900	5006	766	6136	152	4774
20	143	2803	211	6322	273	9867
21	584	6211	045	0741	964	8625
22	155	9117	024	9867	625	7547
23	711	0526	099	0178	620	1915
24	052	5373	925	7719	961	1916
25	850	6688	336	9865	477	3558
26	936	6622	084	9306	190	6650
27	741	7289	738	5431	218	3243
28	266	0937	026	7548	720	1109
29	023	1580	043	3893	078	8255
30	486	6087	990	6506	174	8929
31			295	7754		

Números de la Suerte (3 y 4 cifras)

Tercer trimestre del año

	JULIO 3	JULIO 4	AGOSTO 3	AGOSTO 4	SEPTIEMBRE 3	SEPTIEMBRE 4
1	872	2360	940	8549	186	4039
2	315	9202	912	0657	119	0607
3	707	7005	587	1669	586	1866
4	189	7038	455	8793	614	0539
5	291	0544	798	6799	955	0941
6	870	3276	955	5203	304	4803
7	540	4438	630	2069	462	8883
8	865	4007	032	4413	655	9013
9	429	4774	076	9620	852	0531
10	178	9867	790	2874	245	1483
11	856	8625	194	4332	269	2592
12	198	7547	503	1257	306	0221
13	679	1915	030	0566	791	2726
14	487	1916	341	7790	823	6304
15	307	3558	915	8593	387	2881
16	484	6650	177	9168	183	9950
17	549	3243	031	8980	869	4916
18	536	1109	005	7641	652	3095
19	178	8255	463	9841	244	5886
20	096	8929	655	0990	911	1173
21	547	2973	403	9294	337	8760
22	976	7499	053	5707	368	7837
23	299	6789	367	9871	938	1995
24	938	1472	401	2420	120	9378
25	711	7554	502	9873	459	3892
26	945	5566	120	1611	268	4264
27	848	4887	824	2879	655	5816
28	925	3025	024	5804	520	3031
29	419	9997	570	0096	854	7924
30	191	3960	835	7947	245	7519
31	056	6508	486	8291		

Números de la suerte (3 y 4 cifras)

Último trimestre del año

	OCTUBRE		NOVIEMBRE		DICIEMBRE	
	3	4	3	4	3	4
1	763	3668	210	6074	707	1409
2	839	9629	411	2742	522	8389
3	924	9380	079	3843	086	2434
4	947	6766	512	1499	808	1951
5	249	4279	209	1291	902	2426
6	811	1278	398	3562	483	1751
7	475	9761	479	3984	835	5315
8	114	5859	811	5432	902	6827
9	947	5284	576	4076	763	2271
10	450	8138	080	8191	505	5508
11	736	5181	102	0351	685	9421
12	119	8473	143	8409	348	3826
13	012	6527	351	6010	646	2533
14	507	7066	302	6839	237	3958
15	231	8284	532	7143	137	3649
16	212	1336	562	5760	376	5677
17	350	5204	319	8377	769	9485
18	871	3428	301	5685	360	9939
19	366	6005	459	0478	636	4508
20	012	5881	167	9786	086	4346
21	959	2639	573	2046	407	8664
22	661	5463	403	8507	782	5082
23	544	7012	715	7800	440	5128
24	894	0323	094	1317	141	6650
25	143	4387	934	2572	124	2932
26	447	1828	287	2699	217	8292
27	839	8671	731	1020	253	7943
28	016	9981	945	2854	970	0188
29	276	5111	039	8017	576	7433
30	107	6754	439	5153	811	4150
31	293	8668			462	2889

Notas:

Use esta página para anotar sus números de la suerte obtenidos, o preferidos

Made in the USA
Monee, IL
15 May 2025

17538792R00049